効率よく
「内定」獲得

就活の教科書

2025年度版

これさえあれば。

就活塾ホワイトアカデミー代表
竹内健登

TAC出版

TAC PUBLISHING Group

> # あなたの人生を左右する
> # 就活に失敗しないために

● あなたの就活は本当に大丈夫？

あなたは、現在、就活中かもしれません。あるいは、就活を控えた大学1〜3年生かもしれません。まだ就活を始めていないあなたは、就活についてどう感じているでしょうか。

「自分は大学受験で頑張っていい大学に入ったから、学歴があれば就活は大丈夫だろう」

「大学受験も必死で頑張ったわけではないけど、将来は普通の企業に行ければいいから、就活はそんなに頑張らなくて

もいいでしょう」

「就活は３年生の３月から始まるらしいから、近くなった
ら準備すればいいか」

　こんなふうに思っていませんか？　しかし、これらの考え
はすべて誤りです。

　日本では、新卒一括採用が今も根強く残っており、新卒の
就活でどの企業に内定するかが、その後の人生に大きく影響
します。しかも、就活において一切なんの対策もせずに３年
生の３月を迎えた人が、希望する企業に内定できる確率は極
めて低いのが実情です。

　大学受験の倍率は２〜５倍程度ですが、就活での大手企業
の倍率は100倍、200倍は当たり前、4000倍以上の企業も
めずらしくありません。いい加減に取り組んでなんとかなる
ものではないのです。

●あなたの就活はどうすればうまくいくの？

「将来どんな仕事がしたいのですか？」

「将来どんなライフスタイルを送りたいのですか？」

「将来やりたい仕事は、理想のライフスタイルを実現できそうですか？」

「その仕事に就くために自分のどのような点をアピールすればよいですか？」

　これらの質問は面接でもよく聞かれますが、明確に即答できる人は少ないのではないでしょうか。

　私自身も就活の際は「なんとかなるだろう」と頭では思いつつも、まったく何もしないのはまずいと思っていたため、「何かをしないといけない」という不安がいつも頭のなかにありました。とはいえ、「じゃあ何を？」という言葉でいつも行動は打ち消され、就活に対するモチベーションは上がりませんでした。

「自分のやりたいことがわからない」

「相談したいのに誰にもできない」

「正しい就活の方法がわからない」

そんな不安や焦りを抱えた就活生のために、本書を執筆しました。

●あなたに伝えたいメッセージ

　就活中の、あるいは就活を控えたあなたに伝えたいメッセージがあります。それは、

　「今の就活はかつてないほど厳しい状況だが、正しいやり方で取り組めば、やった分だけ努力が報われるようになっている」というものです。

　そのために、この本では、私が就活塾で指導をしていることのうち、今まさに就活を始めようとしている方を対象とした内容を基礎からまとめました。本書を読んで、就活の正しい進め方を知り、実行していけば、必ず満足のいく就活ができるはずです。

　ぜひ本書で紹介する就活のノウハウやテクニックを活かし、今後の就活をスタートダッシュするきっかけとしていただければと思います。

竹内健登

1 就活は「なんとかなる！」ではなんともならない

就活を終えた先輩を見て、「なんとかなる」と思っていませんか？
この思い込みは極めて危険です。

● 就活が「なんともならない」3つの理由

まず就活は「なんとかなる！」ではなんともならないという言葉について説明します。もしかすると、あなたはサークルやゼミ、研究室の先輩が就活を終えたのを見て「普通に勉強しておけばなんとかなるだろう」と思っているかもしれません。

しかし、**その発想や思い込みは極めて危険**です。その理由は大きく2つあります。

1つめは、現在では親世代の頃と違い、**大学受験よりも就活のほうが、難易度が高い**からです。現在の大学受験の倍率は2〜5倍となっており、入学の形式も指定校推薦や総合型選抜などの多様な形が生まれているため、勉強が苦手でも難関校に入れるようになっています。しかし、今の就活の倍率は大手企業で50〜2000倍ほどになっており、わずか程度の対策をしただけでは太刀打ちできない倍率になっています。

2つめは、**大学のキャリアセンター**（就職課）**の就職支援が、実質的に不十分**であるからです。学生の数が多すぎて、一人ひとりが志望企業に内定するための支援ができていません。大学によっては、5000人いる就活生を、たった3人の職員のみで対応しているところもあるほどです。これでは、一人ひとりに十分な就職支援はできません。

この2つについて、次のページから詳しく説明していきます。

2 要注意！受験と就活の難易度が逆転している

頑張ればなんとかなる受験勉強に対し、
今の時代は就活のほうが難しくなっています。

● 就職活動の倍率は大学受験よりもはるかに高い

　今の時代、親世代の頃とは違い、企業が学生に求めるレベルが上がっただけでなく、正社員で就職できる人数が減りました。

　一方、大学生の数は親世代の頃に比べ50%ほど増加しています。同時に、企業の採用活動がインターネット中心となり、簡単に公募ができるようになったため、**「多くの学生」が「少ない椅子」を争う構図**ができ、競争が激化しています。

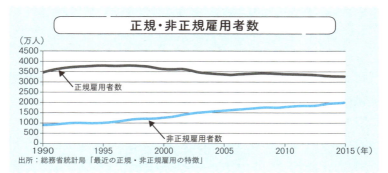

正規・非正規雇用者数

（万人）

正規雇用者数

非正規雇用者数

出所：総務省統計局「最近の正規・非正規雇用の特徴」

　その結果、人気就職ランキングで上位を占める企業の事務系総合職の倍率はゆうに100～300倍を超えています。大手企業や優良企業は少ない人数しか採用しないにも関わらず、その**知名度や「憧れ」から多くの大学生がエントリーする**ため、このような倍率になっているのです。このことからも、いかに就職活動で優良企業に内定することが難しいのかがよくわかります。

キャリアセンターの支援では 納得いく企業に内定できない理由

高まる就職難易度に対して、大学のキャリア教育は追いついておらず、なかなか内定が決まらない学生が増加しています。

● キャリアセンターの支援に加え、自身での努力が必要

　多くの学生から、「大学にはキャリアセンターがあるし、それで対策は十分なのでは？」という意見を聞きますが、それは間違いです。このことを、客観的なデータを示して、説明していきます。

　理由の1つとして、**キャリアセンターは人手が足りていません**。ある大学の例を見ると、大学の在籍者人数がおおよそ1学年1万8千人なのに対し、就職支援スタッフは約80名となっています。すなわち、職員一人当たり225人を見るということになります。

　その結果、**個別で一人ひとりの支援をするというのは現実的ではなく**、就活マナー講座や学内合同説明会などの大人数イベントを中心に学生を支援することになります。80名という人数はこれでも多いほうで、ほかの大学には全学生数に対して3〜5人の職員でキャリアセンターをまわしているという大学も多くあります。キャリアセンターの方も人間ですから、使える時間や支援できることには限界があります。その結果、対策が不十分な学生が例年多く発生してしまい、そういった学生は優良企業や大手企業などに受からずに、就活に苦戦してしまうという状況になります。

本書を最大限に利用して 就活に真正面から取り組もう！

人生がかかった就活に本書を活用して、ぜひ志望企業の内定を獲得してください。

● 新卒の就活で人生が大きく決まる

　以上が、就活は「なんとかなる」ではなんともならないものであり、あなたに就活に真剣に取り組んでほしい理由です。やるべきときにやるべきことをやらず、就活に失敗してから後悔しても遅いのです。

　よく、「就活で失敗しても転職で挽回すればいいか」「今は転職の時代だから大丈夫でしょ」ということをいう人がいますが、**新卒の就活で失敗した学生は、その後のキャリアが積みにくく、転職でうまくいくケースはあまりありません**。また、新卒で中小企業に入った後に、転職で大手企業に行くということはほとんど不可能であるというのが現実です。そのため1回きりのチャンスである就活で必ず成功させてほしいのです。

　本書には、就活で成功するために必要なノウハウをふんだんに盛り込みました。本書に書かれている内容にきちんと取り組めば、あなたも**志望している企業からの内定を勝ち取れるはず**です。ぜひ、本書の内容を何度も繰り返し読み、納得いく就職活動にしてください。

CONTENTS

PART **3**
仕事・業界研究で
キャリアビジョンを明確にしよう ──────── 59

PART **4**
相手に伝わるエントリーシートのつくり方 ──────── 89

PART 5
インターンシップを有効に活用しよう ⸺⸺ 115

PART 6
筆記試験＆Webテストを突破しよう ⸺⸺ 129

PART 7
就活マナーを身につけよう

PART 8
集団面接・グループディスカッションを
攻略しよう

PART **9**
個人面接で内定を勝ちとろう ……………… 187

PART

1

就職活動の流れを知ろう

PART1では、現在の就活事情や
就活を始める時期、エントリーから
内定までのスケジュールなど、
就活の基礎的な情報を紹介していきます。
ここでは就活の全体像を
しっかりと押さえておきましょう。

1 現在の就活環境を確認しよう

過去と現在の就職活動を比較することで、現在の就職活動の難易度を理解しましょう。

●今の大学生が置かれている就活環境とは？

就職活動の難易度は、応募する学生の人数と企業が採用する学生の人数で決まります。椅子とりゲームと同じでプレイヤーが多くて椅子が少なければ、ゲームの難易度は高くなるということです。椅子の数は景気によって変動がありますが、全般的に親世代よりも現在の就活は厳しい戦いを強いられています。それには３つの理由が考えられます。

●親世代と比べ就活環境が厳しくなった理由

①就活が自由競争化した

１つめは、親の世代の頃とは違い、現在は就活情報サイトでの自由応募が基本となったことです。これによって、**誰でも自由に企業に応募できる**ようになりました。昔は学内の求人票が中心で、限られた人にだけハガキで会社案内などを送っていたため、ほとんど学歴で決まっていたのですが、今は違います。結果、各業界のトップ企業や、人気企業ランキングで上位に入ってくるような企業に誰もが応募するという現象が起きています。

②求人数に対して、大学生の数が増えすぎた

２つめには、そもそも**大学生の人数が増えている**ということが挙げられます。親世代の大学進学率は30％前後で、まだまだ大学生の

数は希少でしたが、現在は大学進学率が56%を超えました。1985年には450校しかなかった大学が2009年には772校になり、大学数で7割、学生数で6割増加しています（海老原嗣生著『就職に強い大学・学部』朝日新聞出版）。一方、学生に人気のある企業の採用数はそこまで増加していないため、難易度が高くなって当然といえます。

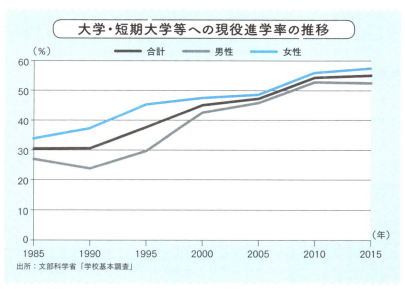

大学・短期大学等への現役進学率の推移

出所：文部科学省「学校基本調査」

③正社員雇用が減り、非正規雇用が増えた

3つめは、**正社員の雇用数が減っている**ということです。総務省統計局のデータによると、正社員の求人数がこの20年間で減り続けており、その代わりに非正規雇用者数がますます増えています。

正社員の椅子が減っているにも関わらず、大学生の数が増えているため、難易度が高くなってしまうのです。

まとめPOINT

☑ 現在の就職活動は親世代と比べて内定獲得への難度が高くなっている

2 なぜ就職するのか考えよう

なぜ就職するのかを理解することで、就活へのモチベーションを高めましょう。

●就職することの メリット

そもそも、なぜ進学やアルバイトという進路ではなく、就職という選択をするのか自分なりに考えてみましょう。このとき、メリットとデメリットを比べると効果的です。就職するメリットとして、次の5つの欲求が満たされます。

①安全欲求	正社員になって毎月きちんと給料をもらい、生活を安定させ、自分の趣味やライフワークを充実させたいという欲求
②生理的欲求	もらった給料でおいしいものを食べたい、ゆっくり休みたいなど、人間の体から発生する欲求
③所属と愛の欲求	所属したいという欲求。仕事上の人間関係がよいとそれだけで相手を好意的に思う心も生まれ、労働意欲が湧く
④尊敬の欲求	仕事の目標が達成したときや役職が上がったときなどに褒められたいという欲求
⑤自己実現の欲求	新しい製品を開発したり、培った経験をもとに起業したりと、仕事を通じてお金を稼ぐだけでなく自分の夢を叶えたいという欲求

●就職しないことによって被る デメリット

正社員として就職できなかった場合、4つのデメリットが考えられます。

①生涯収入が減る	男性正社員の生涯収入は２億〜３億円（女性は１億5000万〜２億円）。フリーターの場合は5000万〜7000万円といわれており、正社員の４分の１しか得られない
②キャリアが積めない	正社員、特に総合職になると適性に応じていろいろな職種を経験し、熟練度に応じて高度な技術を身につけたり、職種の幅を広げたりすることができる。一方アルバイトの場合は難しい
③安心度が低い	社会保険が手薄になる。万一病気になった場合、健康保険がなければ全額を実費で払わなくてはならない。また、就職しないと将来もらえる年金も少なくなり、歳をとって働けなくなったときが不安
④社会的信用度が低い	就職をしていないと社会的信用が低いので、結婚、ローン・不動産審査など、さまざまな局面で不利になる

●就職は生きていく価値観をつくるきっかけ

　このように並べると、正社員として就職できなかった場合のデメリットばかりが気になり焦ってしまうかもしれません。しかし、そんなときこそメリットを考えましょう。「自己実現の欲求」にあるとおり、就職活動とは**自分の生き方を自分なりにデザインしていくチャンス**だと捉えることができます。生き方には無限のパターンがあり、あなたの好きな方法を選べるのです。一度、就職することで何を得たいのかを整理してみてはいかがでしょうか。

まとめPOINT

✔ **就職活動は自分の生き方をデザインするきっかけ。ワクワクしながら取り組もう**

3 就活にフライングなし！

就活は、いつから準備を始めればいいのでしょうか。ここでは就活スタートの時期を押さえましょう。

● 就活はいつから始まる？

就活のスケジュールは大学3年生の4月頃、**夏のインターンシップを応募する頃から**始まります。しかし、これはあくまでスケジュールの話であって、就活の準備自体はもっと前から始まっているといってもいいでしょう。就活では学生時代に何を考え、どんなことをしてきたのかが問われます。大学1～2年生の頃から学業や課外活動にしっかり取り組んでいれば、その分、**厚みのある自己PR**につながります。大学1～2年生のうちから時間を有効活用し、**ぜひ自分から積極的にさまざまなことに取り組んで**みてください。

● 早めの対策が吉

多くの大学生は3年生の終わり頃になって、ようやく就活を本格的に意識し始めます。しかし、それで満足のいく対策ができるでしょうか。大学3年生の冬休みが終わると、すぐに期末試験が始まります。その後、冬のインターンシップ、エントリーシート（以下、ES）受付開始、本選考……とスケジュールは目まぐるしく進んでいきます。**年が明けてからはあまり時間がなく、就活の本番スタート直前に十分な準備や対策の時間をとるのは容易なことではありません**。限られた時間のなかで自己分析、面接対策、業界研究、筆記試験対策、と多くのタスクをこなすのは至難の技です。そのため、なるべく早めに就活の準備を始めることが大切です。

意識の高い学生は大学1〜2年生の頃から就活を視野に動いていますが、そうでない学生も大学3年生の4月には就活に向けて動き始めます。大学受験と同じで、**就活にフライングはありません**。あなたも、今すぐ就活に向けて動き出しましょう！

早めの対策を打ったSさん

中堅の大学に通っていたSさんは、大学1年生のときにTOEIC®の点数を800点以上取得しました。その後、Sさんは大手の自動車業界の夏のインターンシップに参加し、そこで業界の魅力を知り、秋にテスト対策やOB・OG訪問などを行いました。年が明けてからはエントリーシートや面接についての指導をみっちりと受けたのち、1月頃にその企業の本選考を受け、そのまま内定。しっかりと準備をしたうえで夏のインターンシップから早めに動き出し、加えて就活塾も活用したことで最速で就活を終えることができました。

まさに、「就活にフライングはない」という言葉を体現した事例です。ぜひSさんを参考にして、自分なりの計画を立て、就活に臨んでください。

まとめPOINT

☑ **就活にフライングはない。今すぐ動き出そう！**

4 就活スケジュールを知ろう

大まかなスケジュールと行事を把握し、就活の流れを知っておきましょう。

●2023年卒の就活スケジュール（経団連加盟企業の場合）

　全体的な就活スケジュールについて解説していきます。以下の図は2023年度卒業予定者の一般的な就活スケジュールの流れです。ここ数年、就活はこの図のようなスケジュールで進められてきました。ここではまず、日本経済団体連合会（経団連）加盟の大手企業を受ける場合について解説します。

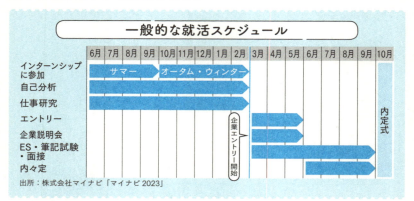

一般的な就活スケジュール

出所：株式会社マイナビ「マイナビ2023」

●大学3年生2月まで「就活の準備期間」

　図を見てわかるとおり、3月から「企業エントリー開始」と記載されており、これがいわゆる就活解禁のタイミングです。しかし、多くの企業は早期選考を行っているため、3月より前に内定獲得に向けて動き出すのが望ましいです。まずは、解禁後のスケジュールを説明します。

● 大学３年生３月「企業エントリー開始」

　３月からは企業の説明会や選考が始まるため、３月前半の平日は、ほぼ毎日どこかの企業の説明会に時間を使うことになります。**説明会に参加しないと選考に進むことができない企業も多い**ので、後悔しないよう積極的に参加しましょう。

　さて、説明会に参加すると、企業から応募するためのESの提出と筆記試験の受験を求められます。両方とも準備や対策には時間がかかるため、早めにとりかかりましょう。３月後半のほとんどが説明会とESの提出、そして筆記試験に追われることになります。

● 大学４年生４・５月「面接開始」

　４月になると企業の面接が始まります。この際に、**OB・OG訪問をしておくとライバルに大きく差をつける**ことができます。企業の詳細な情報を得て、面接で活かすことができるようになりますので、積極的にOB・OG訪問をしていきましょう。

　５月になると、提出したESの大半の結果が出そろうため、経団連加盟の大手企業の内定をとれる人ととれない人の差が鮮明になります。ただ、仮にESで落とされても大丈夫です。大手企業ではありませんが、まだ選考を行っている企業は山のようにあるので、受ける企業を追加していけばいいのです。ただし、**「なぜESで落とされたのか」という分析は必ず行いましょう**。

● 大学４年生６月以降「内々定獲得」

　６月になると経団連加盟の大手企業の内々定が出るようになります。ここで、就活生の５割の人に内定が出るといわれています。ここで内定がとれた人は、就活終了です。

　内定がとれなかった人も、保険会社などの一部の企業では二次募集を行うことがありますので、なぜ選考に落ちたかを分析をしたうえで再度挑戦してみるのもよいでしょう。

● 早期選考のスケジュール

　ここまで紹介した就活スケジュールは、経団連加盟の企業の一般的なケースです。次に、早期選考を行っている企業のケースを紹介します。実際には、経団連加盟の企業でも早期選考を行っている会社は少ないながらも見受けられますので、早期選考の場合のスケジュールも押さえておきましょう。

経団連加盟の企業の早期選考ケース

　経団連加盟の企業は基本的には、前ページで説明したとおりの就活スケジュールで選考を行います。では、どうすれば早期選考を受けることができるのでしょうか。1つの方法として「インターンシップの選考を受ける（インターンシップに参加する）」ことが挙げられます。**インターンシップに参加して、いい結果を残した人は早期選考に進むことができる場合があります**。もう1つは「リクルーター面談で気に入られる」ことです。リクルーター面談とは、若手社員とフランクに話をする面談のことです。このフランクな場が活かされずに、自分をアピールしない学生が多いのですが、本来リクルーター面談は、自分をアピールするのに都合のいい場です。フランクな状況を活かして、自分をどんどんアピールしていきましょう。

　経団連加盟企業の場合、早期選考を獲得するのは、難しいのが現実。ですので、経団連非加盟の企業の早期選考も同時に受けることをオススメします。

経団連非加盟の企業の早期選考ケース

　経団連非加盟企業の早期選考について、大企業、外資系企業、中小企業の3つに分けて説明します。3つの共通点は、**新卒採用の定**

員が埋まれば選考を打ち切るということです。そのため、早期選考だけで終了する企業もあれば、11月まで続ける企業もあります。したがって、内定枠がまだあるうちにできるだけ早く選考を受けることをオススメします。

大企業

ビッグベンチャーなどは大企業でも経団連に加盟していません。そういった企業は随時募集しているケースが多く、インターンシップに参加していなくても早期選考に参加できます。早めに選考に参加して面接に慣れたり、内定を獲得したりすると、そのあとも優位に選考を進めることができるでしょう。

外資系企業

外資系企業は3月に募集を締め切るところが大半です。早い企業では、前年の9月から選考をしていますので、外資系企業を目指している人は早急にスケジュールを調べたほうがいいでしょう。7月にも再募集をする企業もありますが、採用人数が2〜3人と少なく、厳しいものがあります。

中小企業

日本は圧倒的に中小企業が多く、早期選考を行っている企業も多数存在します。11月頃から選考を始め、長期インターンシップから採用をする企業もあります。優秀な中小企業はたくさんあるので、ぜひ選考に参加してみてください。

\まとめ POINT/

☑ **就活のスケジュールを押さえ、計画的な行動を心がけよう**

5 就活の全体像を把握しよう

ここでは、就活に向けてやるべきことの全体像を、7つに分けて解説します。

●内定をとるための準備

　就活の選考スケジュールを把握したら、次は内定をとるために必要な準備を押さえましょう。準備において大事なことは2つあります。1つは、**早く取り組むこと**。そしてもう1つは、**正しく取り組むこと**です。早く取り組むことは誰にでもできますが、正しく取り組むことは多くの学生ができていません。親や先輩、場合によっては就活塾も活用し、正しく準備ができているかどうかを客観的に確認しましょう。準備で必要なことは次のように7つあります。

①自己分析

　しっかりと自己分析をすることで「志望動機」や「学生時代に力を入れたこと」が問題なく書けるようになります。特に、**仕事を通してどのような価値を提供していきたいのか**という職業理念と**それを裏づける強み**の2つを明確にすることは欠かせません。これをおろそかにすると、どこからも内定がもらえないという事態になりかねません。

②業界・企業研究

　ほとんどの学生は業界研究や企業研究に慣れていないため、何を調べればいいかわからずつまずきます。「『就職四季報』（東洋経済新報社）で会社の強みをチェックする」「口コミサイトで社風や価値観

をチェックする」「IR情報で今後注力する分野をチェックする」などの最低限の情報は事前に確認しておきましょう。入念に業界・企業研究をすれば、**「当初抱いていた業界や企業のイメージ」と「現実」のギャップを確認することができ、自分の受けるべき企業を絞る**こともできます。

③OB・OG訪問

OB・OG訪問をすることで、社員から**企業のリアルな姿**を聞き出すことができます。また、早い時期からOB・OG訪問をすることで「社会人と話す」経験を面接に活かすことができます。OB・OG訪問用のさまざまなアプリもありますので、時間を見つけては積極的にOB・OG訪問をしてみてください。

OB・OG訪問で面接を有利に

中堅大学の学生のAさんは、志望する企業にいる先輩を、ゼミやサークルなどのつてをたどって紹介してもらっていました。ただ、Aさんは自分の通う大学からOB・OGのいない企業も受けていたため、その企業については人事部に電話をして、社員の方を紹介してもらっていました。訪問の際、Aさんは志望度の高さを伝えると同時に、社員から「次の面接ではこんなことを聞かれるからこう回答したほうがいいよ」とか「ホームページや口コミサイトには書いていないけど、実はうちの会社の強みは○○だからそれについて話せると好印象だと思うよ」というアドバイスをもらっていました。このように、OB・OG訪問で面接試験の情報を入手することができるのです。結果、Aさんは、大手企業8社に見事内定しました。

④筆記試験対策

　多くの文系学生にとって大変なのが、筆記試験です。筆記試験では、以下のような計算問題が多く出るため、問題に慣れないうちは時間がかかってしまいます。

> 例　6つの色の異なるボールが入っている袋のなかから3つボールをとり出したとき、その組み合わせは何通りか。

　上記のような問題に対して、少ない時間でサクサク解いていかないといけないのが筆記試験対策の難しいところです。
　ただ、**問題はパターン化されているので、解き方や考え方を、早い時期から理解しておくことで高得点を狙えます**。
　特に大手企業の場合は、筆記試験で落とされることがめずらしくありませんので時間があるうちに市販の参考書などで、苦手な問題をすべてつぶしておくことをオススメします。このような試験問題が苦手な人は筆記試験の対策で2カ月ほどかかりますので、早めにとりかかるようにしましょう。

⑤夏のインターンシップに参加する

　インターンシップに参加することで、「その業界や企業が自分に合っているかどうか」といったイメージと現実のギャップを把握することができます。また、インターンシップで優秀な成績を収めれば本選考で有利になりますし、企業によっては**新卒はインターンシップからしかとらない場合もあります**。インターンシップにはできる限り多く参加するようにしましょう。

⑥中小・ベンチャー企業の選考を受ける

　学歴や実績などの武器をもっていないのであれば、**中小・ベンチャー企業の内定が武器**になります。まずは内定をとることを優先

し、内定がとれたら、そこから徐々に本命の企業へと「内定のレベルアップ」を図りましょう。このように**内定を積み重ねていけば、精神的に楽な状態で本命企業を受けることができます**。

⑦就活に必要な資金を確保する

スーツやかばんを買う費用や交通費など、**就活には平均して16万円ほどかかる**といわれています。地方に住んでいたり選考が長期化したりすれば、もっとお金がかかるでしょう。時間のあるうちにアルバイトや有給インターンシップなどでお金を貯めておきましょう。

ただし資金については、可能であればまずは親など家族に相談することをオススメします。なぜなら、就活のお金を得るためにアルバイトをしていると、その分、就活をする時間がなくなってしまうからです。

たとえば、先ほどの16万円分を居酒屋やカフェのバイトで働こうと思ったら、時給1200円としても130時間以上かかります。その時間があるなら、ESを書いたり筆記試験対策、OB・OG訪問をしたほうが得策です。給与の高い企業に入ることができれば、投資したお金は回収できるわけですから、必要経費としてお金はある程度かかるものと考えましょう。

親御さんは就活に向けてお金を用意している場合もあるため、頼める人は遠慮なく頼んでみましょう。

\まとめPOINT/

☑ **就活の選考スケジュールから逆算して、やるべきことは早めにとりかかる**

6 最近増加中のインターンシップ選考

インターンシップ選考を活用して、早期に内定をとる方法
について学びましょう。

●2023年卒のインターンシップ選考のスケジュール

2023年度卒業予定者のインターンシップ選考のスケジュールは
以下のようになっています。

2021年4月	：大学3年生に進級
2021年6月	：夏季インターンシップ受付開始・選考
2021年8～9月	：夏季インターンシップ開催
2021年10月	：冬季インターンシップ受付開始・選考
2021年12月	：冬季インターンシップ（年内ターム）開催
2022年1～2月	：冬季インターンシップ（新年ターム）開催
2022年3月	：インターンシップ参加者の本選考スタート
2022年4月	：インターンシップ参加者の内定が出る

おおまかにいえば、インターンシップは大学3年生の夏と冬に開
催され、そこから**インターンシップに参加した学生に対して内定が
出る**というスケジュールになります。

●インターンシップに行くと本選考にも有利になる理由

**インターンシップ経由で選考に進んだ就活生は、内定を獲得しや
す**い傾向にあります。その理由は3つあります。

①インターンシップに参加することで志望動機を明確にすることができる
②インターンシップの選考を受けることで自己分析や自己PR、面接の対応に磨きがかかる
③インターンシップを受けた学生限定の選考がある企業もある

①と②は、自己分析と志望動機が明確になれば「自分は御社と合っており、しかも御社にとって必要な人材だ」とアピールすることができます。また、参加することで、「志望動機」や「自己PR」「学生時代に頑張ったこと」などのエピソードの精査ができ、「このエピソードは響かなかったので、こちらを話そう」などのやり直しを早い段階で進めることができるのです。

③については、一部の企業ではインターンシップを受けたことで、**そこから本選考に声がかかる**ところもあります。つまり、**インターンシップは第0次内定群の選考といっても過言ではない**のです。そしてこの選考は、インターンシップで一度学生を社員が見ている分、通りやすいという傾向があります。

ちなみに、早期にインターンシップから内定が出た学生は、ほかの学生がまだ1つも内定をもっていないなかで、安心しながら自分のアピールをできるため、その後にほかの企業を受ける際、大きなアドバンテージになります。1つ内定をとった学生は複数内定を勝ちとる傾向にありますので、ぜひインターンシップを活用して早期内定を勝ちとってください。

＼まとめPOINT／

☑ **インターンシップに行くことで、就職活動を有利に進めよう**

31

7 人気企業の罠と内定の「わらしべ長者戦略」

就活で高い成果を生み出すためには戦略が必要です。有利に就活を進める方法を学びましょう。

● 大手病とは

「大手病」という言葉を知っているでしょうか。大手病というのは、その名のとおり、**大手企業ばかりを受けて最終的に就職先が決まらない**という症状で、文系・理系を問わずそのような人は少なくありません。志望理由が「とりあえず大手に行きたいから」や「大手に受かって親を安心させたいから」というものになり、同じような志望動機を使い回し、面接で撃沈してしまうのです。

そういったどこにでも出せる志望理由は具体性に欠けるため、実際の本気度が低く伝わってしまいます。そうならないために採用していただきたいのが、**内定の「わらしべ長者戦略」**です。

● 内定の「わらしべ長者戦略」とは

わらしべ長者の話はご存知でしょうか。主人公が最初にもっていた藁を徐々に交換していき、最終的には馬や家になるという話です。

就職活動でも、それと同様の戦略をとるのです。つまり、**最初は比較的低倍率で内定をとりやすい企業（中小零細企業、不人気企業）を受けて確実に内定をとり、その内定をもとにして大手企業や志望度の高い企業の内定を獲得していく**わけです。

これは私が就活塾を運営していく中で、大手企業や人気企業の内定を得るための方法を研究した結果編み出した、最重要戦略です。

○「わらしべ長者戦略」を採用する2つの理由

なぜ、「わらしべ長者戦略」が就活を成功に導くのかは、次の2つの根拠があります。

①「内定をもっていること」は大きな武器になる

1つめは、「自分にはすごい武器がない」という人にとって、**最大の武器は「内定をもっていること」であるから**です。内定獲得とは、他社があなたに与えたお墨付きにほかなりません。そのお墨付きは「TOEIC®900点」や「東大卒」などよりも、**「他社はこの人を使えると判断したのだ」**という証になります。もっている内定が有名企業のものである必要はありません。仮にそれを2社目以降で聞かれたとしても、「御社と同業の企業です」などといえば、相手は勝手に「うちの同業ということはあの会社かな……」と推測します。そのあとで、「これまでほかの会社も受けてきましたが、それは全部、御社に実力を認めてもらいたかったからです。もし、御社から内定をいただければ、他社の内定はすべて辞退します」と最終面接で伝えれば、相手は納得してしまうものです。

②内定がある安心感で、最大限の力を発揮できる

もう1つの理由は、内定をもっていると精神衛生的に楽になるからです。内定がまったくない状態で選考に進むのと、内定がある状態で進むのとでは、不安の度合いがまったく違います。極度の不安感のなかで選考を受けたとしても、それがよい結果につながることはまずありません。

＼まとめPOINT／

- ✓ 「内定」は、他社からも求められる人材であることの証明書

就活が解禁されたら
まずは何から始めればいい？

就活が解禁されても、何から始めればいいのか
迷ってしまう人も多いかと思います。解禁日当日に
あわてないように事前に進め方を把握しておきましょう。

　就活の解禁とは、企業が説明会を開始するタイミングのことを指します。この就活の解禁日から1週間が重要といわれています。なぜなら解禁日になると、会社説明会の予約の争奪戦が起こるからです。

　就活は「会社説明会→エントリー→Webテストなどの試験→面接→内定」というステップを踏みます。そのため、企業にエントリーする場合、会社説明会への参加が必須という企業がほとんどです。

　就活解禁日の午前0時に会社説明会の予約ができるようになるので、その時間から、多くの就活生が採用情報サイトにアクセスします。時間が経過するにつれ、サーバーがダウンしてしまい、サイトにアクセスすることすらできなくなることも。会社説明会に参加したい学生は多いため、参加の予約はすぐに埋まってしまいます。

　後々調べてみたら、会社説明会の予約がすでに埋まっていたということにならないためにも、事前にエントリーする企業や興味のある企業を決めておきましょう。解禁日になって探し始めて、チャンスを逃してしまうのはもったいないです。解禁日までまだ時間はあると余裕をみせず、早めに動き始め、効率的に進めていきましょう。

2

まずは自己分析から始めよう

就活準備を始める際に
まず取り組んでほしいのが、自分のことを
知ること、すなわち「自己分析」です。
ここでは、自分がどんな働き方をしたいか、
強みや弱みは何かなどを把握できるよう、
さまざまな自己分析の方法を紹介していきます。

1 就活において自己分析は最重要!

就活における自己分析の重要性と、その意義について学びます。

●中国の戦略家に学ぶ100戦100勝のコツ

　中国の戦略家・孫子の兵法に「己を知り相手を知れば百戦危うからず」という言葉があります。敵の情勢をよく知って、なおかつ自分のこともよくわかっていれば、勝てる勝負を選べるため、必ず勝負に勝つことができるという意味です。

　この言葉からもわかるとおり、**すべての勝負事は状況把握が肝心**です。就職先の会社は敵ではありませんが、就活において**どんな会社かを知る**ことは当然必要になってきます。しかし、会社を知る前に、**自分がどんな人間かということを把握する**ことも大切です。

　大学生になるまで、自分がどういう人間なのか真剣に考えたことがあるという人は、少ないのではないでしょうか。ところが就職活動では、自分の考えや強みなどをESや面接でわかりやすく相手に伝えなくてはなりません。これまで自己分析をしてこなかった人にとって、自己分析をする作業はとても大変なものではありますが、自己分析がきちんとできていれば、その後の就職活動が驚くほどスムーズになっていきます。

●自己分析の重要性

　右ページの図は、就職活動を行った先輩たちを対象に、「ここまでの就職活動を振り返って後悔していること」を聞き、まとめたものです。

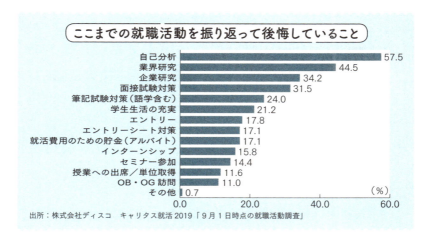

ここまでの就職活動を振り返って後悔していること

	(%)
自己分析	57.5
業界研究	44.5
企業研究	34.2
面接試験対策	31.5
筆記試験対策（語学含む）	24.0
学生生活の充実	21.2
エントリー	17.8
エントリーシート対策	17.1
就活費用のための貯金（アルバイト）	17.1
インターンシップ	15.8
セミナー参加	14.4
授業への出席／単位取得	11.6
OB・OG訪問	11.0
その他	0.7

出所：株式会社ディスコ　キャリタス就活2019「9月1日時点の就職活動調査」

　ご覧のとおり、自己分析が、「やっておけばよかったこと」のトップにきています。理由は次のとおりです。

・自己分析にこんなに悩むと思っていなかったので油断した
・自己分析をせずに本番を迎えたので、面接で答えにくいことを聞かれ、即答できないことが多かった
・自己分析をしていなかったために、面接やESで聞かれる「就活の軸」がまったくなく、苦戦した

　就活ではついつい応募する企業の締め切りばかりを気にしてしまうものですが、**足もとの基礎固めである自己分析をせずにその先に臨んでも、うまくはいきません**。まずは基本に立ち返って足もとを固めましょう。

まとめPOINT

☑ 企業のエントリーに追われがちだが、自己分析こそが内定獲得への最短の道である

2 自己分析の基礎知識

自己分析をすることのメリットを理解し、概要をつかみましょう。

●自己分析とは

　就活を始めるにあたって、最初に行う作業が「自己分析」になります。自己分析とは、「自分はどんなことがしたいのか」「どんな能力があるのか」「どんな価値観をもっているのか」といったことを深く知る作業のことです。**自分のもっている武器や経験・価値観をもとに、自分の意思で進路を決定することが主な目的**となります。自己分析ができていない段階で就活を始めても、自分のやりたい仕事や行きたい企業がわからず、迷走してしまいます。まずは自己分析にしっかりと取り組み、自分自身を理解しましょう。

　では、自己分析を行うと、どんなメリットがあるのでしょうか。4つの角度から見ることができます。

①自分の価値観がわかる

自己分析を行うと、自分の好き嫌いや大事にしている考え方など、「自分自身の価値観」がわかってきます。価値観というものは、自分のなかでは当たり前になってしまっていることが多く、深く考えなければ、気づかないこともたくさんあります。自分はどんな考え方をもっている人間かを知ることにより、その考え方に合った企業を選ぶことができるため、就職活動を始める前に、一度自己分析をしっかり行う必要があるのです。

②自分の強み・弱みが把握できる

自己分析を行うと、自分の得意なこと、苦手なこともわかってきます。「私には強みなんてない！　弱みばかりだ」と考える人も多くいますが、じっくり自己分析を行えば、自分にも強みがあることがわかってきます。得意なことがわかれば、自己PRにも活かせますし、自分の得意な職種を探して、苦手な職種を避けることもできます。

③企業選びの基準（軸）ができる

自己分析ができておらず、「大手企業だから」「有名企業だから」という理由で企業を選んだ場合、企業選びの軸がないため志望動機や自己PRがつくりづらいものです。一方で、自分の価値観や強み・弱みがわかれば、企業を選ぶ際の基準ができてきます。自分に合った企業であると確信がもてれば、志望動機や自己PRは非常にスムーズにつくることができるのです。

④就活の焦りがなくなる

就活は人生で初めての経験のため、自信をもてない学生が多く、いったん焦り始めると止まらなくなってしまいます。しかし、自己分析ができていれば自分に合わない業界や企業・職種がわかるため、勝率が上がり、焦りにくくなります。仮に選考で落とされたとしても、原因の把握がしやすく、対策もスピーディーにできるため、精神的に安心できるのです。

まとめPOINT

☑ **自己分析には4つのメリットがある**

3 自己分析の全体像を知ろう

これから行う自己分析の流れと、どの段階までできていれ
ばよいのかを把握しましょう。

●自己分析の3つのステップ

　自己分析は、正しい順番で行わないと、自分という大きな「迷宮」
のなかに迷い込んでしまい、いつまでも終わらないというケースが
よくあります。そうならないために、まずは**全体像を把握**しましょ
う。自己分析は主に3つのステップで構成されています。

過去を振り返る	・自分史を活用
分析	・モチベーショングラフの活用 ・SWOT分析の活用 ・ジョハリの窓でチェック
言語化	・職業理念の言語化 ・アピールポイントの言語化

①過去を振り返る

　今の**自分を形成しているのは過去の経験**です。生まれたときから
今までを振り返り、自分に関するデータを書き出しましょう。具体
的には「自分史」を作成して振り返る作業となります。

②自分のことを分析する

　自分史であなたの過去をすべて洗い出したら、そこから**「自分は どういったことにモチベーションを感じるのか」「強みは何か」を 突き止めましょう。**

　具体的には、「モチベーショングラフ」という方法であなたの価値観がどのように形成されたのかを考えたり、「SWOT分析」で強みや弱みを洗い出したりして、自分の強みが活かせそうな仕事や職種を見つけていきます。また、これらに他人の視点を加えることで、自己分析の客観性を増す「ジョハリの窓」というフレームワークも紹介します。自分のことを分析することで、これまで気づいていなかった価値観や強みが見つかると、それが自信につながりますので、ぜひやってみてください。

③分析結果をもとに自分のことを言葉にする

　分析結果をもとに、「就活の軸（職業理念）」と、「人事に響くアピールポイント」を言語化していきます。

　就活の軸とは、「どんな仕事がしたいのか」という仕事選びの基準のことを指します。分析結果をもとに「自分はこんなことが強みで、こんなことにモチベーションを感じるので、これからは〇〇に貢献できるような仕事がしたい」などと言語化しましょう。そうすれば、今後の進路の方向性が決まってきます。

　人事に響くアピールポイントとは、相手から見たときに魅力的な人材に映るような自分の強みを指します。**志望する業界や企業が求めている人物像に照らし合わせて**アピールしましょう。

＼まとめPOINT／

✅ **自己分析の3つのステップを押さえて、1つ ひとつじっくりと取り組もう**

4 まずは自分の人生を振り返ってみよう

自己分析をする際の第一ステップは、過去を振り返ることです。その具体的な方法を解説します。

● 就活の軸は過去からしかつくれない

　自己分析は**あなたの就活の軸をつくることが１つの目的**であるとお話しました。この軸というのは、現在のあなたが仕事や会社に求める条件のことであり、わかりやすくいえば「こういった会社で、こういった仕事がしたい」という思いのことです。

　就活の軸を決めるにあたって大切なのは、**「なぜその軸をもっているのか」という根拠を明確にするということ**です。具体的には、「幼少期から化学の勉強をしてきたから化学に関する仕事がしたい」「高齢の方に気に入ってもらえるのが昔から得意だったので、高齢者と関わる仕事がしたい」などというものです。このように、就活の軸は自分が経験してきたこと、すなわち自分の過去にしか根拠を求めることができないのです。

　過去に着目した自己分析ができていないと、「大手だからこの会社」などという**まわりの意見や評価が就活の軸になってしまい**、ミスマッチが生まれやすくなるので、そのような就活の軸で選考に臨んでも、多くが失敗に終わります。**まずは過去を振り返ってみることが重要**なのです。

● 過去を分析することで自分の強みと職業観を抽出する

　過去を分析する際に着目したいことは２つあります。それは、あなたの**「強み」**と**「職業観」**がどのように形成されたかを突き止

るということです。「強み」というのは、これまでの20年以上の人生の積み重ねによって形成されています。それは、才能的なことかもしれませんし、知識を基盤とした専門性かもしれませんし、身につけたスキルかもしれません。いずれにせよあなたの強みはこれまでの行動の蓄積によって形成されているので、それを突き止めましょう。

一方、「職業観」とは、あなたが仕事を選ぶうえで大事にしている価値観です。**価値観というのは精神的に強い影響を受けた出来事によって形成されます**ので、自分自身の精神やモチベーションに影響のあった過去を振り返ってみましょう。

先輩の事例 過去の体験から強みを見つけたKさん

Kさんは三人兄弟の末っ子ということもあり、幼少期から兄・姉をうまく動かすような調整役をしながら育ちました。その結果、学生委員会で委員長に選ばれたり、大学のサークルで幹事長を務めたりするなど周囲からの人望も厚く、Kさんの強みが対人折衝力であることがわかります。また大学時代に所属していたサークルにITシステムを導入して、新勧活動を効率化し、例年の2倍の新入生を迎え入れることができたという成功体験をもっていました。これらのことから、職業観として「ITシステムを通じて組織に変革を起こしたい」というものが芽生えていました。以上2つのことを面接で明確に伝えたことで、Kさんは就活で成功を収めることができたのです。

まとめPOINT

☑ 過去を振り返り、強みと職業観を形づくった出来事を抽出することが重要

5 自分史をつくってみよう

自分史を通じて強みや自己PRのネタを抽出する方法について具体的に解説します。

●自分史のつくり方

　自己分析を行ううえで、過去を振り返ることは非常に重要です。自分がこれまで経験してきたことを整理するためにも「自分史」を作成してみましょう。自分史を作成することで、**時系列ごとにエピソードの棚卸しができ、自分の行動パターンや長所・短所を洗い出すことができます**。主な分析方法は次の２ステップです。

STEP 1：過去に頑張ったエピソードを書き出す

　たとえば、中学校、高校、大学で頑張ったエピソードを３つずつ洗い出します。

中学校時代

・塾で勉強を頑張り、教室内でトップの成績を収めた

・塾での成績がよく、奨学金を獲得した

・朝から晩まで勉強し、第一志望の高校に合格した

高校時代

・バドミントン部で３年間上達のためにさまざまな工夫をした

・大学受験に向け、毎日放課後学校で勉強し、学校が閉まると塾へ行って、遅くまで勉強した

・学園祭実行委員として企画・運営を行った

大学時代
・軽音楽部に入部し、初心者ながらドラムを頑張って練習した
・出版社の長期インターンシップに参加し、取材、記事執筆を行った
・インターンシップで営業職を経験し、参加者のなかで契約数トップをとった

STEP 2：エピソードの深掘り

各3つのなかから最も印象深いもの、特に頑張ったものをピックアップし、さらに深掘りをします。深掘りをする際には次のような構造に当てはめましょう。

エピソード	インターンシップで営業を行い、参加者のなかで契約数1位になった
動機	営業のロールプレイングを行ったとき、あまりにできず悔しかったので、絶対にできるようになってやると思った
どんな困難があったか	人と話すことが苦手で頭が真っ白になってしまう。最初の2カ月はまったく契約がとれなかった
困難を乗り越えた方法	目標設定をして月ごとの行動計画表を作成し、それに対する反省日報を毎日つけて上司に提出した。ロールプレイングを毎週行い、自分や他人のロールプレイングを録画して繰り返し見ていた
結果	目標を達成し、月の契約数1位になった

● 動機

モチベーションの源泉を見ることができます。この例では、「できないことをできるようにする」ことに対してモチベーションが上がる人であることが分析できます。

● 困難を乗り越えた方法

ここからはその人の問題解決の方法が見えてきます。この例でいえば、「PDCA（Plan（計画）、Do（実行）、Check（評価）、Action（改善）のサイクルを繰り返し、改善していく手法）を回し続け、コツコツ努力を重ねていく」という長所がうかがえます。

このようにエピソードを深掘りしていけば、ESにも使える内容になります。「何をきっかけにどんな困難を乗り越え、どんな結果を生み出したのか」を書くことで、その人の人となりがわかり面接官にも伝わりやすくなります。すでに行きたい業界や企業が決まっている人が自己分析をする際にオススメです。

● 自分史の実際の事例

では、前ページの自分史のつくり方をもとに、実際に自分史を書いてみましょう。以下の事例を参考にしてみてください。

事例

　私が学生時代に頑張ったことは、教育業のアルバイトにおける試行錯誤です。自分の中学受験時に出会った先生や友達が記憶に強く残っており、これから成長していく人々の人生に彩りを添えたいと思ったことから、教育業に応募しました。

エピソード1

　最初は個別指導を担当し、高校生を指導していました。生徒一人ひとりに個性があり、それぞれに合わせたアプローチの方法があると知りました。指導するにあたっては、生徒がどこを本質的にわかっていないかを意識して教えるようにし、生徒が自分で考える力を養う機会を提供しました。

　私の指導によって、適切な解決策を実行できる人間になってほしいと思ったからです。

エピソード2

　個別指導での2年間の勤務のあと、小学生を対象とした集団指導塾に移り、算数の指導をしました。しかしそこでは、塾で習った内容を、授業をした先生だけで補うことができず、塾以外に家庭教師などの力を借りて復習するという実情がありました。私個人としては、これを統合させたほうが効率的だと考えていたため、「授業後の自習での個別指導」を提案しました。

　具体的には、その日の授業についてはもちろん、宿題を添削していくなかで見つけたミスなどについても指摘し、私の授業についての理解度を深めてもらえるように努めていました。集団指導をしていくなかで、一人に助言できる時間は15分以内と短かったのですが、その短い時間のなかで家庭学習の環境や時間、得意教科についての情報などを収集し、それをもとに月間でどのような勉強をするべきなのかを生徒とともに考えました。

エピソード3

　当時は1週間に5日勤務し、学年も2年生から6年生までのさまざまな生徒をのべ75人担当しました。

　社員の先生からの助言をいただきながら、「何が必要なのか」「なぜ必要でないのか」を取捨選択し、生徒にとっての負担が適切になるように宿題の量などを一人ひとりに工夫をしました。その取り組みや普段の授業が功を奏し、クラスの生徒が先生を評価するシステムでは、約90%という満足度実績をいただきました。

まとめPOINT

✓ **自分史を書くことで、強みや自己PRのネタを洗い出そう**

6 モチベーショングラフを描いてみよう

自分自身の職業観の源泉を洗い出すモチベーショングラフについて学習します。

●自分のモチベーションのUP＆DOWNを分析する

　自分史が書けたら次はモチベーショングラフを描いてみましょう。過去の自分の体験を時系列ごとに振り返り、そのときの**モチベーションの高さを書き出す方法**のことです。自分がどういったことでモチベーションが上がるのか、または下がるのか分析をすることができます。紙とペンがあればすぐにできる手軽な方法ですので、取り組んでみましょう。具体的な手順は以下のとおりです。

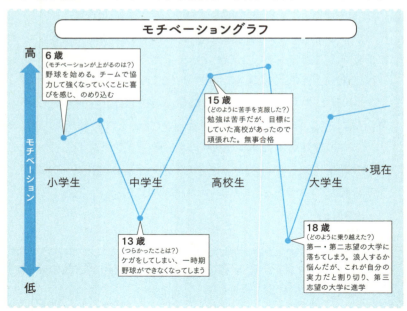

モチベーショングラフ

高　モチベーション　低

6歳
（モチベーションが上がるのは?）
野球を始める。チームで協力して強くなっていくことに喜びを感じ、のめり込む

15歳
（どのように苦手を克服した?）
勉強は苦手だが、目標にしていた高校があったので頑張れた。無事合格

小学生　中学生　高校生　大学生　→現在

13歳
（つらかったことは?）
ケガをしてしまい、一時期野球ができなくなってしまう

18歳
（どのように乗り越えた?）
第一・第二志望の大学に落ちてしまう。浪人するか悩んだが、これが自分の実力だと割り切り、第三志望の大学に進学

サイト

取り置きも

サービス知ってる？

*お取り置き・お取り寄せ
（店舗お受け取り）は
丸善およびジュンク堂書店
のサービスです。

hontoを便利に使う
ヒントはこちら

honto

書店のお買い物で
hontoポイント
たまる・つかえる

年会費入会費無料
カードでもアプリでも
ポイント貯まる

＼ ソーシャルログインも ／

＼ サービス実施店舗 ／

MARUZEN
ジュンク堂書店
本 文教堂
啓林堂書店
honto.jp

STEP 1：モチベーショングラフを描く

左ページのグラフを参考に、横軸を時間軸、縦軸をモチベーションの値として、モチベーションのUP＆DOWNをグラフに表してみましょう。グラフにすることで、**自分の過去の棚卸しにもなります**。

STEP 2：グラフの高いところと低いところの原因を深掘り

グラフの高いところと低いところではどんなエピソードがあったのか、書き出してみましょう。それができたら**「高いときの共通点、低いときの共通点」を探ります**。この分析によって、どんなときにモチベーションが上がり、どんなときに下がるかを発見できます。

STEP 3：モチベーションの谷を選考用にアレンジ

実は、モチベーションの谷は選考でよく聞かれるポイントです。なぜなら、**モチベーションが低くなったときにどのようにそれを乗り越えたのかを企業は知りたい**からです。「つらい経験をしたときにそれをどうポジティブに捉えたのか」「その後どのような行動をとってそれを乗り越えたのか」を記述してみましょう。

例　私の人生における最大の挫折は大学受験での失敗です。当時、私は第一・第二志望としていた大学に落ちてしまい、結果として第三志望の大学にしか入れませんでした。しかし、受験で失敗したからこそ今後の仕事人生は充実したものにしようと考え、現在は自分の希望の職種につけるよう、多くの社会人の方と会って話をうかがっています。

\まとめPOINT/

✓ **モチベーショングラフから自分自身の職業観を洗い出そう**

7 自分の強み・弱みを整理しよう

これまで挙げた強みや弱みを整理し、就活の戦略を立てる方法を学びます。

● 戦略の立て方の基本とは

戦略の基本は、**自分の強みを活かして外部にあるチャンスに役立てたり、弱みを補って脅威に備えたりすること**だといわれています。たとえばこれを企業に当てはめると、「電気自動車の技術をもつ自動車メーカーが大気汚染問題に苦しむ開発途上国の市場に参入する」「下請け企業が技術力を強化して新しい取引先を開拓する」という形になります。この考え方は、就活の戦略方向を決める際に非常に有効です。

● 戦略を立てる際に有用な SWOT 分析
（スウォット）

戦略を立てるうえで有用なのが**「SWOT分析」**です。SWOTとは、現在の立場や状況を「Strength（強み）」「Weakness（弱み）」「Opportunity（機会）」「Threat（脅威）」の４つの項目に分類し、現状を分析するためのフレームワークです。このSWOT分析を就活生の自己分析に当てはめると、次のようになります。

- Strength（強み）：自分のもつ強みや長所
  - 例 大学で培った学力、留学・ボランティア体験　など
- Weakness（弱み）：自分が克服できていない弱みや短所
  - 例 我が強い、優柔不断などの自分の性格　など
- Opportunity（機会）：外部の状況でメリットがあること

例 金融業界：ビットコインや株価の上昇　など

・Threat（脅威）：外部の状況でデメリットがあること

例 金融業界：日銀のマイナス金利政策　など

　なお、業界研究についてはPART 3で詳しく取り扱いますので、ここではおおまかな業界のトレンドを押さえて、今後どういった業界が成長しそうなのかだけつかんでください。

●SWOT分析の活用方向

　SWOT分析の活用の方向は、次の3つがあるといわれています。

第一法則…強みを機会に活かす
第二法則…弱みを補完し、機会に活かす
第三法則…強みを活かし、脅威に立ち向かう

　具体的には、自己分析で得られた自分の長所と短所を「強み」「弱み」に当てはめます。自己分析で把握した自分の価値観にマッチする企業や職種は「機会」になるわけです。

　このように、しっかりとした自己分析に基づいて就職の方向性を決めていくと、その後の自己PRづくりもスムーズになります。

　そしてこのSWOT分析をもとに業界や企業を選んでいくことが、この章の冒頭で取り上げた「己を知り相手を知れば百戦危うからず」という言葉の実現につながっていきます。企業の知名度に踊らされず、あなただけの戦略を大事にして就活をしてみてください。

まとめPOINT

☑ **SWOT分析で就活の戦略を立てることで、就活の勝利を確実なものにしよう**

8 他己分析で客観的に把握しよう

自分だけではなく、他人の視点を入れることで自己分析の精度を上げましょう。

●なぜ他己分析が必要なのか？

　モチベーショングラフやSWOT分析をすることで、ある程度、自己分析ができてきたかと思います。しかし、自分のことを分析するとどうしても主観が入ってしまい、視野が狭くなってしまう可能性もあります。以下の図は、心理学者のジョセフ・ルフトとハリントン・インガムによって1955年に考案された**「ジョハリの窓」**という概念です。

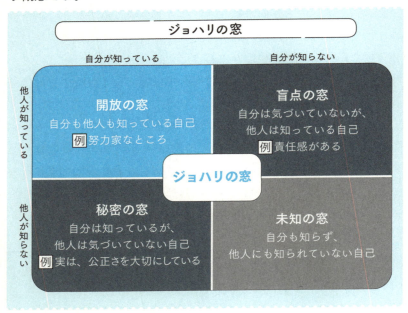

ジョハリの窓

自分が知っている　　　　　　　自分が知らない

他人が知っている

開放の窓
自分も他人も知っている自己
例 努力家なところ

盲点の窓
自分は気づいていないが、
他人は知っている自己
例 責任感がある

ジョハリの窓

他人が知らない

秘密の窓
自分は知っているが、
他人は気づいていない自己
例 実は、公正さを大切にしている

未知の窓
自分も知らず、
他人にも知られていない自己

　この図のように、他人から見た自分、さまざまな面をもつ自分を見つけられる方法が「ジョハリの窓」です。図の、**「開放の窓」と「秘密の窓」がこれまでの「自分史」や「モチベーショングラフ」によってわかる部分**になります。しかし、就職活動は社会から見たあなたのよいところをアピールする活動でもあるので、**「盲点の窓」にも着目していく必要がある**のです。

　具体的な活用方法としては、「盲点の窓」や「秘密の窓」に分類された自分と他人の認識のズレを理解し、そのズレの原因を探り、他人の認識を受け入れることが挙げられます。すると、「他人から○○と思われているかもしれない」「自分にはそういう一面があるかもしれない」と思えるようになり、**「開放の窓」の領域が拡大します**。認識のズレが減少することでコミュニケーションが円滑になり、面接を含めた対人関係によるストレスも軽減されるのです。なお、この手法は、就活の自己分析以外にも、企業の社員教育・研修にも活用されています。

●ジョハリの窓を活用したワーク

　このジョハリの窓を実際に当てはめてみましょう。テーマはあなたの強みや性格にします。2〜3人ほどの友人に協力してもらい、あなたの強みや性格について3つほど聞き取り調査をしてください。その結果を4つの窓に分類して当てはめてみてください。

　この方法を通じて、**あらためてあなた自身がもっている強みや、あなたの性格が明確化される**と思います。この方法には友達同士で楽しくやることができる、という利点もありますのでオススメです。

＼まとめPOINT／

☑️ ジョハリの窓を活用して、他人から見たあなたの性格や強みを把握しよう

9 相手に響くアピールポイントを発見しよう

自己分析の総仕上げとして、採用担当者に響くアピールポイントを見つける方法を学びます。

● 人事に響くアピールポイントの見つけ方とは？

　自己分析を行ったら、次は就活で人事や面接官など採用担当者に響くアピールポイントを探していきましょう。アピールポイントを探す方法は、3段階に分かれています。

①企業が求める素質を考える
②自己PRに使える経験を書き出す
③企業で活かすことができる強みを抽出する

　1つずつ順に解説していきましょう。

①企業が求める素質

　企業にあなたのことをアピールする目的は、**採用担当者に「この学生を採用したら、きっと活躍してくれそう」「将来の我が社を託せる頼もしい人物だな」と想像してもらうため**です。求められる素質の仮説を立て、アピールポイントを決めていくことで、選考突破率が飛躍的に高まります。

　楽天リサーチ株式会社によるインターンシップ選考に携わったことのある人事担当者300人を対象とした2017年の調査では、「ESや面接における自己PRの設問でどんなポイントを見ているか」について、**「自社とのマッチング度合い」という回答が40%**でした。

具体的には「自社業界に対しての『やる気』と『想い』」（サービス業界）、「自分の強みを当社で活かせるかどうか」（外食業界）、「自社のニーズを理解しているか、仕事に対する意欲があるか」（教育業界）など、**仕事への理解や姿勢を重視する**複数の意見がありました。**自社の仕事で求められる能力や姿勢が、本人の能力や価値観と合致しているかを重要視している**ようです。

　求められる素質の仮説を立てるには、業界、ビジネスプロセス、社風などをしっかり研究し、仕事で求められる能力や姿勢、インターンシップ当日のプログラムをよく理解することが大切です。そのうえで、企業が求めているものに**近いものを自身の能力としてアピール**する必要があります。求められる人物像を把握して、どのような方向性で自己PRをつくるべきかを考えるために、以下の3つを実践していきましょう。

1．実際に企業で働いている先輩に話を聞く

あなたの自己分析の結果、出てきた強みが実際に企業で働くうえで、どのように役立つのかを聞いてみましょう。

2．企業説明会に参加する

疑問に思ったことを質問でき、必要とされる素質をさらに深く聞き出すことができます。また、いい質問をすると採用担当者に顔と名前を覚えてもらえ、その後の選考によい印象のまま臨むことができます。ぜひ積極的に参加してみてください。

3．企業の採用ページを読み込む

企業の採用ページには求める人物像や職種ごとの適性などが書いてあることも多く、読んでおくと有利になります。もし書かれていない場合には、就活情報サイトの掲載情報を読んだり、職種ごとの適性について調べてみるといいでしょう。

以上の１～３により、求められる能力の仮説が立つはずです。仮説に基づき、**求められている素質を思いつくだけ書き出してみましょう**。素質を書き出すときには、それがどのような場面で活躍し得るのかもセットで考え、必要とされる素質に優先順位をつけておきます。

②アピールできそうな経験

　自分史をもとに、上記の素質を証明できそうな経験を抽出してください。アルバイト・部活動・サークル・授業・ゼミ・研究・学園祭などの経験から、努力してきたことや一生懸命取り組んできたこと、自分が他人より時間をかけて行っているものなどをピックアップするといいでしょう。こういったネタは１つである必要はありません。できれば３つ以上出すようにしましょう。

③企業で活かすことができる強み

　アピールポイントをグルーピングし、自分の行動パターンを見つけます。「人をまとめることが好きで、ずっと委員長やキャプテンをやっていた」「目立つことはあまり好きではなく、裏方として人を支えることが多かった」のように、共通して発揮されている能力をまとめましょう。

　求められる素質のすべてをもっている人などまずいません。自分が納得いかないものを選ぶとウソになってしまい、アピールをするのが苦しくなります。**最も自信や納得感があるもので自己PRを考える**ようにしましょう。また、自分の素質をアピールするとき、競争相手になる就活生のことは完全に無視してください。考えてもどうしようもないからです。純粋に企業だけを見て、素質をアピールしてください。

先輩の事例

ESの作成にアピールポイントを活用

　以下の文章は企業からの課題に対するNさんの回答になります。この企業は、鉄鋼系の専門商社。Nさんは商社で必要になる能力がコミュニケーション能力であるということをOB・OG訪問や企業説明会、そして採用ページから読み取っていたため、それに合致する強みを自身のサーフィンのインストラクター経験からアピールしています。

課題｜あなたの取り扱い説明書を自由に記載してください。自身の性格や特徴を踏まえあなたという人が伝わるように、客観的視点も考えたうえで表現してください。

回答｜私の取り扱い方法ですが、私は誰とでも良好な信頼関係を構築することができるので、強みを活かし営業や渉外などの対人関係が重要になる職務に使うことで最も効果を発揮するでしょう。この力は8年間続けているサーフィンのインストラクターにおいて、年間1000人を超える新規生徒の対応を行うなかで身につきました。一方で、私は内勤をすることは不得手ですので、プログラマーや事務作業といった業務にはあまり携わらせないことをオススメします。また、学生時代に企画運営したサーフィン大会にて人や地域に若干の貢献ができたことから、商材を通し多くの人に影響を与えることができれば私のモチベーションは最大に近づき、ポテンシャル以上の実力を発揮して会社に大きく役立つ人材となるでしょう。

あえて弱みも伝えることで信憑性（しんぴょうせい）や好感度が増すというよい事例です。参考にしてみてください。

まとめPOINT

✔ 企業の仕事内容をもとに、自己分析の結果を社会に貢献できる形に変換しよう

自己分析は
どこまでやればいい？

就活が進んでいくうちに、自己分析を
再度迫られる場面に遭遇することがあります。
そんなときの心がまえを知っておきましょう。

　例年、２月頃になると「自己分析を完成させたい」という
要望を多くもらいます。その背景を聞いていくと、「企業の
説明会に行くたびにやりたいことがコロコロ変わって困るか
ら」という理由が多いです。

　というのも、就活生は社会で働いた経験のない人が多く、
企業の説明会に行くたびに「自分もこんなことをしてみた
い」と新しい世界を見たワクワク感をもちます。そのため、
多くの企業を見れば見るほど新たに別の企業が魅力的に映
り、自分のやりたいことがコロコロ変わってしまうのです。

　この問題に対して、自己分析はたしかな答えを与えてくれ
ます。なぜなら、自己分析の結果からあなたの価値観や強み
が抽出されていれば、複数の企業から提示される「やりたい
ことたち」を取捨選択できるようになるからです。

　自己分析から出てきた回答は不変のため、どんなにさまざ
まな企業を見て、心を動かされても、冷静な答えを与えてく
れます。いわば自己分析は就活における錨、つまり微動だに
しない答えのようなものです。

　基本的に就活では、あなたの強みや適性がない仕事には就
けないようになっています。自己分析の結果をもとに可能性
のある仕事を選定して就活をしていきましょう。

仕事・業界研究で
キャリアビジョンを明確にしよう

業界や業種への理解を深めるために
必要なのが「仕事・業界研究」です。
世の中にはどんな仕事があるのか、
自分はどんな仕事や業界に
興味があるのかなど、仕事に対して
イメージが湧くよう調べましょう。

1 職業理念を明確にしよう

仕事や業界を決めるうえで根本となる職業理念について
解説します。

● 職業理念とは何か

職業理念とは、ひと言でいうと **「あなたはなぜその仕事を希望するのか」という質問に対しての答え** のことです。この質問は就活だけでなく、転職や起業をするときにも必ず聞かれます。答えは人によってさまざまで、仕事に対しての捉え方のレベルによっても大きく変わってきます。

この質問への答え方によって、あなたが正しい職業理念をもっているかどうかを判断することができるのです。

● 仕事に対する 向き合い方、4つのレベル

仕事の捉え方には、大きく分けて **4つのレベル** があるといわれています。先ほどの質問への答えを考えることで、あなたがどのように仕事を捉えているかを就活準備を始める前に一度確認してみてください。

レベル1：ライスワーク

「ごはんを食べるために仕事をしている」という答えの場合、あなたは「ライスワーク」をしていることになります。つまり、生計を立てるために仕事をしているということになります。この場合、あなたにとって **仕事の中身はあまり重要ではなく、仕事によってお金が得られればいい** という考えです。

レベル２：ライクワーク

「この仕事が好きだから」という答えの場合、あなたは「ライクワーク」をしていることになります。好きだから仕事をすることは本人も満足ですし、決して悪いことではありません。あくまでその人の仕事に対する**価値基準は「仕事が好きか嫌いか」という基準**だということになります。

レベル３：ライフワーク

「その仕事が自分にとっての生きがいだから」という答えの場合、あなたは「ライフワーク」をしていることになります。つまり、好きを通り越して、仕事が人生のテーマになっているということです。「仕事を通じて自己実現を図りたい」という思いから仕事をしているわけです。**仕事によって「なりたい自分になる」というのが最終的なゴールとなる**でしょう。

レベル４：ライトワーク

「仕事を通して、世の中に〇〇な価値を提供したいから」という答えの場合、あなたは「ライトワーク」をしていることになります。つまり、自分の仕事に強い使命感をもっているということです。**自分にとって今の仕事は天職**であり、自分の仕事によって世の中に価値を提供することがいかに尊いかを強く自覚している場合が、このライトワークに当たります。

●職業理念の正体

さて、あなたの職業理念は、４つのうちどれに当てはまりましたか。多くの人は「ライスワーク」や「ライクワーク」に従事しています。つまり、生活のためであったり、たまたまその仕事が好きだったりしたからその仕事をしているということです。しかし、就活において求められる職業理念は、「ライフワーク」や「ライトワーク」のレベルです。

「その仕事を通して、あなた自身がどのような人生を歩みたいのか、そしてどのような価値を世の中に与えていきたいのか」ということを考えてみましょう。

●職業理念がもたらすもの

　では、正しい職業理念が定まっていると、どのようなメリットがあるのでしょうか。主に以下の2つのメリットがあります。

①軸ができ、やりたいことがコロコロ変わらなくなる

　職業理念が答えられないということは、自分が「なぜその仕事をしているのか」について納得できる答えをもっていないということです。当然、納得できないとすぐに心が移り変わり、仕事に意識を集中させることができません。しかし、職業理念が定まっていると、あなたの心は簡単には変わらない状態になります。「この仕事をすることで充実した人生が送れる」という実感があるので、就活における志望動機に熱が入るようになり、新卒採用で求められている「熱意」が担保されることになります。

②人間的な影響力が増す

　あなたの人間的な魅力が増すということです。ビジネスでは誰かに対して価値を与えることで、その対価としてお金を受け取ります。その際に、相手にどれだけ多くの仕事をしてあげられるかが価値となって現れるのですが、この職業理念がないと、最低限の仕事しかすることができません。考えてみてください。ただの居酒屋の店員としての意識しかないAさんと、「お客様に最高に楽しい場所を届ける」という職業理念をもって居酒屋の店員をやっているBさんの場合、どちらのほうがプラスαの仕事ができそうでしょうか。そしてどちらを採用したくなるでしょうか。答えは明白です。

●職業理念の見つけ方

では、そのような職業理念はどのように見つければよいのでしょうか。答えは簡単で、自分のモチベーショングラフ（P.48）の谷となっている部分に着目しましょう。

「こういうことで苦労したから、同じような人を助けたい」「こういうことで助けてもらったから、恩返しがしたい」「こういうことに憤りを感じたから、こうしたい」といった思いが芽生えることを見つけてください。それさえ見つかれば、**あなたの職業理念、つまり就活の軸は完成**です。就活の軸が決まったあとの流れを簡単に説明しておくと、以下のようになります。

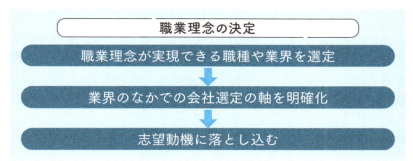

職業理念の決定

職業理念が実現できる職種や業界を選定

業界のなかでの会社選定の軸を明確化

志望動機に落とし込む

流れを見てわかるとおり、職業理念が決まらないと、その後のプロセスが何ひとつ決まらないということになります。面接でもこの順で質問がなされていきますので、できるだけ就活の軸となる職業理念と、その根拠となるエピソードを用意しておいてください。

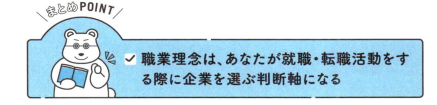

まとめPOINT

☑ **職業理念は、あなたが就職・転職活動をする際に企業を選ぶ判断軸になる**

63

2 「消費者の好き」と「生産者の好き」を区別する

やりたい仕事を見つけるうえで大事な「好き」の概念について押さえましょう。

●「商品が好き」なだけでは内定は勝ちとれない

　前ページで、職業理念が決まることで、やりたい仕事の条件、つまり就活の軸が決まるということを明らかにしました。ただし、やりたい仕事を決めていくなかで、押さえていなければならないことが1つあります。それが、「好き」の種類です。端的にいうと、**消費者としての好きと、生産者・提供者としての好きを分けなければいけない**ということです。たとえば、電車が好きな人が「電車が好き」というだけの理由で鉄道会社に就職しようとしても、採用をもらうのは難しいかもしれません。なぜなら、鉄道会社からすれば、電車が好きなお客様は、そのまま**大事なお客様でいてほしいわけで、社員としてほしいわけではないから**です。鉄道会社に就職したいのであれば、好きという理由だけではなく、「鉄道会社に入りたい理由」をもっている必要があります。

●すばらしい仕事を提供するには強みが不可欠

　加えて、生産者として好きな仕事に就くためには、もう1つ条件があります。それは、**「その仕事を提供するだけの能力や強みをもっている」**ということです。仕事というのは相手に価値を提供しなければなりません。たとえば、ピアノの演奏で考えてみましょう。ピアノの演奏を聴いた聴衆は、高クオリティの演奏を聴くことで、「精神的な落ち着き」「ワクワク感」「感動」などの価値を得ることがで

きます。しかし、これらの体験の価値は、提供者である演奏者の能力によって大きく異なってきます。ピアノを20年練習してきた人と、最近ピアノの練習を始めた人では、聴衆に対して与えられる価値に大きな差が出るということです。

こういったことから、**あなたに価値提供できるだけの能力があるかどうかも「生産者の好き」には関係してくる**のです。

●できるだけ早く「憧れ」から脱却しよう

さらにいえば、職業に「憧れ」だけをもって臨んでも、選考は突破できないという厳しい現実があることを覚えておいてください。こういった志望者が多い職業の1つにキャビンアテンダント（CA）が挙げられます。

憧れでCAを志望している学生がとても多いのですが、CAの業務は非常に過酷なところがあります。長時間に及ぶフライト、不規則な睡眠時間など、体力勝負なところが多くあるため、一見、華やかな印象とは裏腹に大変な仕事であるといえます。憧れだけでCAを志望してしまうと、そもそもCAの試験に合格できませんし、仮に合格したとしても現実の過酷さに遭遇したときに耐えきれず、離職してしまうケースが多いのです。

「生産者として好きなこと」「強みが発揮できること」「単なる憧れではなく、大変な面も含めてその仕事を選ぶこと」の3つを重視して仕事選びをしていきましょう。

\まとめPOINT/

✔ **生産者としてやりたいことを見つけよう**

3 「やりたいこと×できそうなこと」から仕事を洗い出す

さまざまな仕事のなかから、就くべき仕事を選択する方法について学びます。

●職種には主に5つの種類がある

仕事には主に「考える仕事」「喜ばせる仕事」「つくる仕事」「売る仕事」「活動を支える仕事」の5つの種類があります。あなたが**生産者として価値を発揮できるのはどの職種**でしょうか。ここでは、あなたが就ける現実的な仕事を洗い出してみましょう。

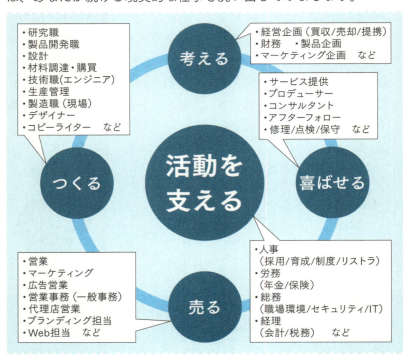

・研究職
・製品開発職
・設計
・材料調達・購買
・技術職(エンジニア)
・生産管理
・製造職(現場)
・デザイナー
・コピーライター　など

考える

・経営企画(買収/売却/提携)
・財務　・製品企画
・マーケティング企画　など

・サービス提供
・プロデューサー
・コンサルタント
・アフターフォロー
・修理/点検/保守　など

つくる

活動を
支える

喜ばせる

・営業
・マーケティング
・広告営業
・営業事務(一般事務)
・代理店営業
・ブランディング担当
・Web担当　など

売る

・人事
(採用/育成/制度/リストラ)
・労務
(年金/保険)
・総務
(職場環境/セキュリティ/IT)
・経理
(会計/税務)　など

左ページの図に、それぞれの仕事にどのような職種があるのかが挙げられていますので、確認してみましょう。そして、5つの仕事のなかで、自分の性格や価値観に合うものを見つけ出してください。

考える仕事

会社の業績を上げるために、部門横断的な施策を行ったり、外部との提携を通じて、会社内だけでは達成できない目標を達成したりすることに主眼が置かれます。経営企画やマーケティング企画など、企画と呼ばれる仕事がこれに該当します。企画というと楽しそうですが、実際には各部署との調整が多く、骨が折れる仕事です。

喜ばせる仕事

主にサービス提供やアフターフォローが該当します。サービス業においてはこの仕事が価値そのものなので、お客様の前に出るときは会社の看板を背負っているとの認識が重要です。必然的に第一印象や言動にも気を使うことになります。

つくる仕事

製造職や開発職といった、製品やソフトウェアなどをつくる仕事が該当します。工場勤務や内勤が多いため、売る仕事に比べて見た目などの第一印象にはうるさくいわれません。どちらかといえば、納期までにミスや故障なく少ないコストで納品することが重要になってきます。研究職の場合は新素材の探索や新商品の開発が求められ、試行錯誤を繰り返すこともあります。

売る仕事

つくられた商品やサービスを売ることが目的で、営業やマーケティング、プロモーションなどの職種があります。会社の花形と呼ばれる職種で、相手に与える印象も重要になってきます。必然的に、第一印象の重要度が増します。

活動を支える仕事

バックオフィスと呼ばれる部署で、主に、経理は税務署と、労務は労働基準監督署と対応をします。これ以外にも、人事として採用活動を行って適切な人材を発掘するという重要な役目を担っています。

●職業理念から業界を絞ろう

　自分に合いそうな仕事の種類が決まったら、次は業界を洗い出してみましょう。業界の選定理由はズバリ、**職業理念と関連する業界かどうか**です。以下の表のなかから、自分の職業理念と関連する業界を複数ピックアップしてみましょう。

メーカー	食品・農林・水産	サービス・インフラ	不動産
	建設・住宅・インテリア		鉄道・航空・運輸・物流
	繊維・化学・薬品・化粧品		電力・ガス・エネルギー
	鉄鋼・金属・鉱業		フードサービス
	機械・プラント		ホテル・旅行
	電子・電子機器		医療・福祉
	自動車・輸送用機器		アミューズメント・レジャー
	精密・医療機器		その他サービス
	印刷・事務機器関連		コンサルティング・調査
	スポーツ・玩具・その他メーカー		人事サービス
商社	総合商社		教育
	専門商社	ソフトウェア	ソフトウェア
小売	百貨店・スーパー		インターネット
	コンビニ		通信
	専門店	広告・出版・マスコミ	放送
金融	銀行・証券		新聞
	クレジット		出版
	信販・リース		広告
	その他金融	官公庁・公社・団体	公社・団体
	生保・損保		官公庁

●業界と職種をかけ合わせてみる

業界のピックアップができたら、その業界の構造を調べ、自分が**どの業務であれば価値を発揮できそうか**を考えてみましょう。

その際に、業務のビジネスフローを押さえるとイメージがつきやすくなります。たとえば、次の図は不動産業界のビジネスフローですが、その業界の人はビジネスフローのうちどの部分を担当し、どのような価値を生んでいるのかを突き止めると、自分にぴったりの仕事が見えてきます。業界の構造を調べるには、インターネットで「○○業界　構造」などのキーワードで検索するとよいでしょう。

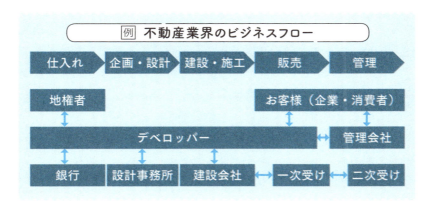

このように、業界と職種の2つがかけ合わさると、「自分はこの業界のこういった職種で価値を発揮し、世の中に価値を提供していきたい」という形に職業理念が昇華しますので、ぜひ取り組んでみてください。

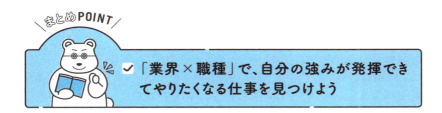

まとめPOINT

✓ 「業界×職種」で、自分の強みが発揮できてやりたくなる仕事を見つけよう

4 志望業界・職種を絞ろう

抽出した業界・職種のうち、現実的に内定が獲得できるものを絞っていきましょう。

●業界の絞り方

　志望業界を決める際は、まずピックアップする業界を3つまで絞ってください。なぜなら、受ける**業界が多すぎると、業界の研究がしっかりできず、志望動機をきちんと書くことができないから**です。絞るときは、その業界の志望動機が書けるかどうかという点から判断していくと効率よく進めることができます。

　以下の5つの項目を参考に、志望動機を考えてみましょう。

---

①大学の研究・ゼミ・授業で習ったことが活かせる業界

②親や先生、先輩、インターンシップやOB・OG訪問で世話になった社員など、自分が恩を受けた人と同じ業界

　例 恩を受けたから、自分もその業界に入って恩を返したい

③自分の悩みや原体験に関連する業界

　例 肌に関する悩みがあって、同じ悩みをもつ人を助けたい

④親と同じ業界　例 父が勤めていた不動産業界に興味をもった

⑤お世話になった人や親の悩みを解決する業界

　例 うつ病の親を見てきたから製薬業界で同じような人を救いたい

　なお、志望動機に「親」が多いのは「20年間影響を受けてきたという根拠がある」かつ「面接官に子どもがいる場合、自分も親の立場なので志望理由として認めやすい」という理由があります。

●実際の志望動機を見てみよう

実際に金融機関に内定した就活生の志望動機を見てみましょう。

> 例 金融を通じて、資金面で課題を抱える中小企業を支援したいと考えたためです。私の祖父はかつて大手メーカーの下請け工場を経営していましたが、下請け依存体質から脱却する際に、新しい設備を導入するための資金繰りに苦しんだ時期がありました。祖父が工場の運営について頭を悩ませている姿を見てきたため、資金面での課題を抱える企業を支えていける仕事をしたいと考えるようになりました。
>
> 貴行は、融資による資金調達のほかにも、ビジネスマッチングや、事業再生ファイナンスなどの高度な金融ノウハウの活用、地域金融機関との協働による幅広い提案が可能であるとうかがっています。中小企業の抱えるさまざまな経営課題に対して多様なアプローチが可能な貴行のもとであれば、企業の抱える課題やニーズに対し最適な提案を行い、資金面で問題を抱える祖父の工場のような中小企業の課題をより適切に解決できると考え、志望いたしました。

ちなみに、この学生はこの金融機関に内定しましたが、その理由は**祖父の存在から金融業界を志望する理由を説明できたから**です。結果、彼は面接で「君はなんでこの業界を受けたの？」などといわれることは一度もありませんでした。あなたもぜひ、そんな就職活動になるように業界を絞ってみてください。

\まとめPOINT/

☑ **志望動機が書けるかという観点から、業界を絞ろう**

5 業界のニュースをチェックしよう

業界が絞れたら、その業界のニュースや動向をチェックすることでイメージを膨らませましょう。

●業界について 仕入れるべき情報 とは

　業界が絞れたら、その**業界の過去・現在・未来について調べることで仕事についてのイメージを膨らませましょう**。その業界がどういった時代のなかで生まれ、どのように成長してきたのか、さらに現在の業界内のすみ分けや序列の様子、そして仕事内容を捉えましょう。未来については、業界の将来性や今後の展望、起こりうる変化について考えてみましょう。業界の情報を収集する際は、以下の情報源を活用していきましょう。

新聞・ニュース

新聞やニュースでは業界に関わる最新の情報を入手できます。事業展開や業績の見通し、景気や円相場の変動の影響などを注意して見ることで各業界の動向を知ることができます。社会情勢は一般常識として面接などで質問される場合もあるため、日頃から新聞やニュースを見る習慣をつけましょう。

書籍や雑誌

業界本や就職情報誌は業界について詳しく書かれているため、全体像や動きを把握するのに役立ちます。特に、日本経済新聞社など複数の出版社から発行される「業界地図」はさまざまな業界が網羅されているので、各業界の商品などの市場のシェア

率を知ることができます。企業の業界での立ち位置や成長度合いを把握するのにオススメです。また、東洋経済新報社が発行している『就職四季報』は企業から掲載料をもらわずに作成しているため、客観的な企業情報を得ることができます。『就職四季報』は総合版、優良・中堅企業版などの種類があります。

業界研究セミナー

業界研究セミナーでは実際に業界で働く人々から話を聞くことができ、将来のキャリアイメージの形成にも役立ちます。業界のリアルな最新情報を聞くことができる機会は少ないため、その他の情報収集と並行して取り組むとよいでしょう。

会社説明会

会社説明会では事業内容や業績、業界内での立ち位置を知ることができます。企業の雰囲気や現場の様子を知ることができたり質問をできたりする点が大きな特徴です。ただ話を聞くのではなく、疑問を解消するためにこの場を活かすことが大切です。

OB・OG訪問

OB・OG訪問は、自分で業界研究を行ったうえで、調べ切れなかった情報を収集できることが特徴です。OB・OG訪問を有意義なものにするためには、事前に業界研究を十分に行い、質問内容を精査し、訪問の際に聞くことをまとめておくとよいでしょう。

まとめPOINT

✓ 業界の情報を仕入れ、過去・現在・未来の展望を押さえよう

6 志望する企業から内定をもらうために

自分の志望する企業から内定をもらうためにはどうしたら
よいのか、戦略を学びます。

● 就活は必ず戦略が必要

　業界研究を進めていくと、徐々に志望企業が見えてくるかと思います。ただ、なかには自分の実力と照らし合わせたときに、「今の自分では実力が足りない」と感じる企業もあるかと思います。

　当然、なんの戦略もなしに実力以上の企業から内定をもらうのは簡単ではありません。戦略もなく志望企業に受かるのは、右ページの図でいうIQ（Intelligence Quotient）とEQ（Emotional Intelligence Quotient）の両方が優れているひと握りの学生だけなのです。

　しかし、しっかりと戦略を立てて就活を進めていくことができれば、あなたも志望企業の内定を勝ちとることができます。

●「わらしべ長者戦略」の活用方法

　その方法として、PART 1 でも説明した「わらしべ長者戦略」(P.32) を参考にし、まず中小企業・中堅企業から選んでいきましょう。

　この戦略においては、最初から本命企業を狙うのではなく、まず最初に志望度の低い中堅企業や中小企業の内定を獲得したのちに志望度の高い企業の内定を獲得できるようにしていくというものです。こうすることによって、**人事からのお墨付きを常に得た状態で就職活動を行うことができる**ため、本来よりも高いゾーンの企業に内定することが可能になります。

この戦略で志望する企業から内定をもらうには、自分自身のEQとIQを向上させることも重要になってきます。常に自己研鑽（じこけんさん）が必要になると考えたほうがよいでしょう。

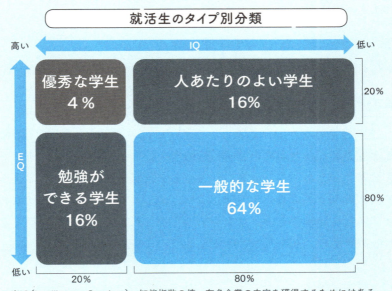

就活生のタイプ別分類

高い ← IQ → 低い

| 優秀な学生 4% | 人あたりのよい学生 16% | 20% |
| 勉強が できる学生 16% | 一般的な学生 64% | 80% |

EQ 高い / 低い

20%　80%

※IQ（Intelligence Quotient）…知能指数の値。有名企業の内定を獲得するためにはある一定のIQが必要になる場合が多い。
※EQ（Emotional Intelligence Quotient）…感情知能（心の知能指数）の値。EQが高いと「空気を読む」「相手の気持ちを察する」「自分の気持ちを適切に伝えられる」などの能力が高くなる。

この図でいう「優秀な学生」以外のゾーンの人は、特に「わらしべ長者戦略」が非常に有効です。

まとめPOINT

☑ 「わらしべ長者戦略」を活用する場合は、業界の中堅企業を中心に受けていこう

7 同業の企業を比較しよう

同業の企業と比較することで、志望度を高める方法を学びます。

●会社を比較する方法

　選考過程のなかで、必ずといっていいほど聞かれるのが、**「なぜこの業界のなかで当社を志望するのか？」** という質問です。その質問に答えられるよう、業界にはどんな会社があり、どのような違いや特徴をもっているのか把握しておきましょう。その際に有効なのが、各社を比較できるような表をつくることです。以下の項目を最低限書き込み、表を完成させましょう。

- ・顧客は誰か
- ・競合はどこか
- ・競合に比べ、何が強いのか
- ・企業の展望（OB・OG訪問、有価証券報告書から入手）
- ・企業のニュース
- ・企業の商品
- ・社風とあなたの職業理念の適合性
- ・その会社であなたの強みはどう活かせるか
- ・その他、あなたが重視する項目に合致するか

●比較する際の具体的な事例

　右ページは、金融業界を志望する学生が作成した同業企業を比較した表です。表をつくる際の参考にしてください。

同業企業の比較表

日本銀行	
事業内容	政府の銀行、発券銀行、銀行の銀行
競　　合	なし
顧　　客	市中銀行、日本政府
強　　み	優秀な人材／唯一性の高い事業
展　　望	非伝統的金融政策の出口が見えない
社 員 数	4624人
平均年収	約850万円

日本政策投資銀行	
事業内容	融資と投資を一体化させた資金供給
競　　合	民間銀行
顧　　客	企業をはじめとする資金が必要な団体
強　　み	危機が発生した際、危機対応業務として資金を供給できる／風通しがよい（ロジックを重視する）
展　　望	コロナ禍への対応が問われている
社 員 数	1257人
平均年収	約1000万円

農林中央金庫	
事業内容	JAバンクを通じて集めた資金の投資。食農ビジネス。リテール融資
競　　合	民間銀行
顧　　客	会員や農林水産業者、農林水産業に関連する企業
強　　み	メガバンクと比較すると職員数が少ないため、役員との距離が近い
展　　望	高リスク債権を大量保有しており、焦げつきが懸念されている
社 員 数	3462人
平均年収	約800万円

2022年3月31日現在

\まとめPOINT/

✓ **企業を比較して同業界でのすみ分けを把握し、志望動機に役立てよう**

8 OB・OG訪問で現場の声を集めよう

OB・OG訪問で企業研究を効率的に進める方法について
学びます。

●なぜOB・OG訪問が必要なのか

　企業研究を行う際は、インターネットや本の情報などを参考に進めたかと思いますが、これらの情報だけでは足りない部分が出てきます。**その部分を埋められるのが、OB・OG訪問**です。この活動をすることで次の4つのメリットが得られます。

①情報収集ができる
　社風、仕事内容、職種適性、事業展開、競合との差異、製品情報、その他インターネットにない最新情報が収集できる
②情報確認
　事前にネットで調べた情報が正しいかどうかを確認することができる
③面接時に志望動機で活用
　面接時に求職者としていいづらいことを、「社員がいっていた」ことにして発言することができる
④信頼関係の構築
　OB・OG訪問を通じて、社内でのあなたの評価を上げることができれば、面接でも有利に働く

●OB・OG訪問で気をつけたいこと

社員と会った際に、最低限の事前準備ができていないと印象を悪

くすることになってしまいます。事前準備のポイントを押さえてお
きましょう。

①深い話や込み入った話を引き出すため、事前に業界、企業、
　職種について調べておく
②訪問相手についてわかることがあれば、SNSなどで検索して
　調べておく
③その企業の直近のニュース、プレスリリースについて調べて
　おく
④質問を整理しておく
⑤学生時代に力を入れたこと（ガクチカ）、自己PR、将来やりた
　いこと、企業選びで重要視していることなど、質問されたとき
　に答えられるよう整理しておく
⑥服装はスーツで臨む

●OB・OG訪問の取りつけ方

OB・OG訪問は次のように取りつけます。

①人事部に電話し、紹介を依頼する（最も早く、確実な方法）
②大学の同窓会名簿のデータベースからたどる
③キャリアセンターのOB・OG名簿からたどる
④会社説明会であった社員から紹介してもらう
⑤ゼミの教授から紹介してもらう
⑥家族、親戚に頼る
⑦SNSからたどる
⑧学生も参加可能な社会人イベントに行く
⑨企業のお昼休みに出待ちして、後日のアポイントを取りつける
⑩会社を訪問し、「先日（説明会で）お世話になったお礼をいい
　たい」などといって担当者を呼び出してもらう

●OB・OG訪問の取りつけ方のメール文面の例

　次に、OB・OG訪問を取りつけるためのメール文面について紹介します。まずは以下の例文を見てください。

件名：【OB訪問のお願い】◆◆大学の山田花子です　ポイント①

××株式会社

鈴木　太郎 様　ポイント②

突然のご連絡恐れ入ります。ポイント③
私、◆◆大学の山田花子と申します。

本日は大学のキャリアセンターの名簿で鈴木様のことを知り、ご連絡させていただきました。

私は現在就職活動を控え、広告業界に魅力を感じ、とりわけCMの制作で多くの実績をもつ貴社に非常に興味をもちました。

××株式会社でご活躍されている鈴木様にぜひお話をうかがいたく、ご連絡させていただきました。

下記日程でご都合のよろしい日時はございますか？
5月20日（月）12：00〜20：00
5月21日（火）13：00〜20：00　ポイント④
5月22日（水）10：00〜15：00

もしいずれの日程でもご都合がつかない場合は、
再度ご提案させていただければと思います。
お忙しいところ大変恐縮ですが、

何とぞよろしくお願い申し上げます。

【大学】◆◆大学経済学部経済学科

【氏名】山田花子

【電話】080-1234-5678

【メール】hanako-yamada@shukatsu.jp

ポイント⑤

例文のポイント
①件名は、ひと目で要件がわかるようにする
②最初に宛名を記載する
③冒頭に「突然のご連絡恐れ入ります」というあいさつ文を入れる
④日程の候補は自分から複数提案する
⑤署名を記載する

●OB・OG訪問で必ず聞いたほうがよい質問

　メールでアポイントが取りつけられたら、実際に会った際の質問を考えておきましょう。ここでは、相手に積極性があると思われる質問を挙げておきます。

　①今後の会社の方針で重点的に強化する取り組みは何か？
　　→会社としては強化するところに人員を配置します。面接ではその点をアピールすることが効果的です。
　②優秀な〇〇職の人に共通するものは何か？
　　→面接時に同様の質問を相手からされることがあります。その際に回答できるよう事前に答えを合わせておきましょう。
　③仕事、職種、あるいはその会社で働く醍醐味は？
　　→あなたの職業理念との整合性を図るためです。

④どの製品・サービスが主力なのか？

　→面接時に聞かれる「入社後やりたいことはなんですか？」
　　という質問に対して、主力製品の開発や拡販に注力したい
　　という回答をすると好印象をもたれるためです。

⑤どんな仕事を経て今活躍しているのか？（相手のキャリア）

　→コミュニケーションをより円滑にするための質問です。相
　　手の話をきちんと傾聴することができれば、素直さでプラ
　　ス評価が得られます。

⑥創業時はどのような感じだったのか？

　→最終面接の際に使う質問です。創業社長に対して特に有効
　　で、昔のことを熱く語ってくれます。それに対して熱心に
　　聴き入りながら感情移入できれば、「価値観が合う」と思っ
　　てもらいやすくなります。

⑦他社と比べた際に、御社の強みや他社との違いは何か？

　→二次面接などで「なぜ当社を志望するのですか？」という
　　質問に答えるためです。

⑧なぜその会社に入ったのか？（相手のキャリア）

　→志望動機や就活の軸で参考になるものがあれば、次回以降
　　の面接で活用できる可能性があるからです。

●OB・OG訪問後はお礼メールを送ろう

　OB・OG訪問が終了したあとは、必ずその日のうちに相手に対し
てお礼の意を示すメールを送りましょう。以下は文面の例です。

件名：【OB訪問のお礼】◆◆大学の山田花子です

××株式会社

鈴木　太郎 様

お世話になっております。
本日OB訪問させていただいた、◆◆大学の山田花子です。

本日はお忙しいなか、お時間をつくっていただき、
誠にありがとうございました。
誰からも教えてもらえなかった視点でのアドバイスに、
実に目からウロコが落ちました。

また、今回のOB訪問を経て、
鈴木様のような広告パーソンになりたいという想いも強まり、
貴社の選考を受けたいと考えておりますので、
引き続きご相談させていただけると幸いでございます。

あらためまして、本日はお忙しいなか、お時間をいただき、
誠にありがとうございました。

p.s. パスタもごちそうさまでした！　美味しかったです！

【大学】◆◆大学経済学部経済学科
【氏名】山田花子
【電話】080-1234-5678
【メール】hanako-yamada@shukatsu.jp

＼まとめPOINT／

☑ OB・OG訪問を有効に活用して、効率よく
企業研究を進めよう

9 志望動機を考えよう

これまでの企業研究から、効果的な志望動機を完成させる
方法について学びます。

●志望動機には、何をどう書けばよいのか？

実際に自分で志望動機を書いてみると、「思いはあるのに効果的
な書き方がわからない」と悩んでしまう人も多いかと思います。志
望動機を書く際は、以下の3つのことを順番に書いてください。

①**職業理念や強みをベースにした業界選定理由**

ガクチカ、原体験、親、自己PR、軸、インターンシップな
どをもとに記述する

②**その業界内における、当該企業選定理由**

他企業と比較したうえでのその会社の特性
と、あなたの軸との共通点をもとに記述する

③（字数が余ったら）**その会社でどのように貢献
したいか**

どのような職種でどのようにお客様及び会
社、社会に貢献したいかを具体的に記述する

具体例1：生命保険会社

人生の重要な局面に立つ人々の支えになりたいと考えているた
めです。大学の学費を賄うために奨学金の獲得を目指した経験
を通じて、金銭的な課題を抱える人を、支える仕事がしたいと
考えるようになりました。対面のアフターフォローに注力し、

お客様一人ひとりのライフスタイルに合った最適な保証の提案を行っている貴社のもとであれば、人生の岐路に立つお客様の背中をより強力に支えることができると考え、志望いたしました。

ポイント

自分がお金に苦労したところから、お客様の金銭的課題を解決したいという利他的な視点が非常に評価できます。

具体例２：医療機器メーカー

私が貴社を志望した理由は、貴社でなら私の理想とする医療を実現できると考えたからです。私は幼い頃に祖父をがんで亡くしました。がんの進行と抗がん剤の副作用で日に日に衰弱していく祖父の姿は今でも鮮明に記憶に残っています。それ以来、私は「少しでも多くの患者様に負担の少ない治療で健やかな時間をつくってあげられる仕事」がしたいと思っていました。

そのようなななかで貴社のインターンシップに参加し、貴社のシステムを知りました。患者様一人ひとりに合わせたステントを用いることで、最善の治療を提供することができるこのシステムに感動しました。さらに、貴社はドクターと連携を密にすることで、医療従事者にも寄り添える医療も目指しており、臨床現場を経験した私が共感できる部分が多数ありました。以上のことより、貴社に入社することで、私の理想とする医療の実現を達成できると考え、今回志望いたしました。

ポイント

医療の道を目指したきっかけがすばらしいことはもちろん、それに加えてインターンシップの経験をもとに業界内でもこの会社を選定していることが、プラス評価に働きます。

●インターンシップの場合

インターンシップの志望動機は、以下の順番で3つのことを書いてください。全体的に、「業務を学びにいく」というスタンスで書くことを心がけましょう。

①**職業理念や強みをベースにした業界選定理由**
　ガクチカ、原体験、親、自己PR、軸などから「業界に興味をもっている」と記述する
②**その業界内における、当該企業選定理由**
　他企業と比較したうえでのその会社の特性とあなたの軸との共通点を手がかりに「会社に興味をもっている」と記述する
③**そのインターンシップで何を学びたいか**
　インターンシップを通じて、その会社のどのようなことを学びたいのかを記述する

具体例1：損害保険会社

参加する目的は、損害保険会社の業務への理解を深めることです。インターンシップ説明会で、貴社の社員の方が、「お客様の挑戦をあと押しする仕事ができる」というお話をされていました。「人を動かすことができるという強みを活かして頑張る企業の手助けをしたい」という自分の思いが実現できそうだと感じ、興味をもちました。

貴社のインターンシップは、実践的なワークを体験できる内容であるため、どの部門や職種でどのような側面から企業を支援できるのか知り、自分が役立てる業務を見定めることを目標としたいと考えます。また、社会人に求められるスキルや自分に足りない部分を認識し、改善することで大きな自己成長につなげ、続くステージへも挑戦したいです。

> **具体例2：コンサルティング会社**

私がインターンシップを志望する理由は、私の強みである課題分析能力が、コンサルティングの仕事において活かせると考えたからです。そのなかでも、戦略コンサルティングを志望するのは経営層がもつ課題を解決したいからです。私の父は病院の経営を行っていますが、いつも朝早くに出勤し、夜遅くに帰ってきます。

戦略コンサルタントになった暁には父のような経営者に対し、より良い戦略を提案することで貢献したいと考えています。貴社は父のような日系の企業に対して高い価値創造をしているため、私のやりたいことができると考え、本インターンシップにエントリーいたしました。

ポイント

親の悩みを解決したい、という利他的な視点から志望動機が書けているのがよいですね。加えて、この会社が日系企業に強いことを押さえている点も高評価です。

\まとめPOINT/

- ✓ 志望動機は、職業理念→業界選定理由→企業選定理由の順で書く

仕事・業界研究は
どこまでできればいい？

やり始めるとどんどんのめりこんでしまい、
気づいたら時間がなくなってしまうことが多いので、
自分のなかでゴールを設定しておきましょう。

- -

　仕事・業界研究は、面接やESで志望理由を聞かれた際に的確に答えられることができればそれで十分です。具体的には、以下の質問に答えられるようにしましょう。

□この業界を選ぶ理由を教えてください。

→自分の就活の軸と、志望業界の仕事の内容が合っているということを答えるために、志望業界の仕事を正しく把握しておきましょう。

□ほかにどんな会社を受けていますか？ その会社の選考状況はいかがですか？

→きちんと同業他社の名前を挙げられるようにしておきましょう。

□そのなかで、当社は第何志望ですか？ そしてそれはなぜですか？

→企業の強みやすみ分けを把握していないと答えられない質問です。

□弊社に入社したらどのような仕事をしたいですか？ またそれはなぜですか？

→具体的な仕事内容として、どのような価値をどんな相手に対して提供しているのかを押さえましょう。

相手に伝わる
エントリーシートのつくり方

どんな仕事をしたいのかがわかったら、
どんどん企業にエントリー
していきましょう。その際、必要になるのが
エントリーシート。自分の強みや魅力が
採用担当者に伝わるよう、
効果的な書き方を学んでいきましょう。

1 エントリーシートを完成させよう

エントリーシートで聞かれる内容を把握しておき、事前に回答方針を決めましょう。

●ESで聞かれること

ESとは、企業にエントリーする際に、就活生が提出する応募書類の1つです。ESは**企業が学生を判断する最初の書類**で、人気企業の場合、ESの段階で選考をかけてしまうこともあります。ほとんどの企業のESでは、次の4つのいずれかが聞かれます。

①学生時代に力を入れたこと（ガクチカ）
②自己PR
③志望動機
④入社後にやりたいこと

上記の4項目を、自己分析や企業研究の内容をもとに、論理的かつ感情にも配慮した文章を書いていくことが必要となります。

●ESを書く際のポイント

自分の意見を文章で伝える際に、重要となってくるのが**「伝えること」と「伝わること」は違うということを理解すること**です。「伝える」とは、自分の意見や考えを一方的に相手に話す行為で、あくまで主観的なものです。一方、「伝わる」とは、自分の伝えたいことがきちんと相手に伝わっている状態のことで、相手目線の客観的なものです。

多くの学生は自分のことを伝えようとするあまり、「私はこれができますが、これもできます。しかも、これまでできます」という焦点が定まらない文章になりがちです。そのような文章は伝わりづらく、「結局何がいいたいんだろう？」という印象を相手にもたれてしまいます。ESを書く際は、「私はひと言でいうと〇〇な人です。具体的には……」という構成にして、相手に伝わりやすい文章を心がけましょう。相手にあなたの全部を伝えることはできません。相手に覚えておいてもらえるのは、**あなた＝「〇〇な人」**ということだけです。では、このことを活用したテクニック「1のルール」を紹介していきましょう。

●「1のルール」で、伝わる文章を書く

　「1のルール」とは、いいたいことを1つに絞り、その**1つのことを繰り返し相手に伝える**というルールです。そのルールを使うと、あなたがどんな人なのか相手に伝わりやすくなります。ESにおいては、誰に対してどういった価値を提供したいのか、という職業理念（＝就活の軸）を「1のルール」で伝えることになります。この軸を中心に話を展開していくと、あなたの印象がはっきりし、伝わりやすくなります。

　ガクチカ、自己PR、志望動機などのすべてに職業理念が関係し、過去から未来への話の流れに一貫性があると、企業からの印象はよくなります。多くの学生はいくつものネタを無秩序に盛り込んで一貫性がなくなってしまいがちです。そういった学生はたくさんのネタはあっても採用につながりません。

＼まとめ**POINT**／

- ✓ 「1のルール」をもとに、一貫性のある文章を心がけよう

2 内定の出るエントリーシートの書き方

内定を獲得するためにエントリーシートの各項目に何を書けばよいのかを紹介します。

●学生時代頑張ったことに書くべきこと

ESにどんなことを書けばいいのか、1つずつ確認していきましょう。まず、「学生時代に力を入れたこと（以下、**ガクチカ**）」については以下の2つのどちらかを書いてください。これ以外の内容を書くと、「学生の本分である学業はちゃんとやっていたのだろうか」と面接官に不信感をもたれてしまう可能性があります。

①学業に関すること

ゼミ、研究、資格勉強、TOEIC®、奨学金、GPA、留学など。このどれにも当てはまらない場合にはおもしろかった授業を思い出し、それについて精力的に勉強したことを記載してください

②仕事につながるような活動に関すること

インターンシップやアルバイトにおける開発・マーケティング・営業経験、ビジネスプランコンテストでの表彰など。その他、周囲を巻き込んで何か1つの目標を達成したり問題解決をした経験を書きましょう

サークルや学生団体での活動は該当しない場合もあるので注意してください。というのも社会人からすると、サークルや学生団体は経済活動ではないため、「遊び」として見られてしまうことが多い

からです。しかし、その活動のなかに「プロジェクト」と呼ばれるものがあるのであれば、それは書いてもよいと思います。

　ここでいうプロジェクトとは、**目標と期限が決まっており、遂行のために周囲の人の協力を得る必要があるもの**であると考えてください。たとえば、「ダンスサークルの活動で発表会に向けて、ほかのメンバーをまとめた」というのはプロジェクトになり得ます。

○自己PRに書くべきこと

　「自己PR」の内容は、次の3つの条件を満たすものを書いてください。

---

①強みに関すること

　　これまで自己分析で発見した自分の強みをまずは手がかりにしてください

②志望している職種で活かせるもの

　　ITコンサル志望なら分析力、営業志望なら相手との距離を縮める力、生産管理志望なら調整力、事務志望なら緻密性、などです

③キャッチーであるもの

　　上記の2つをもとに、キャッチーな表現にいい換え、相手が思わず「おっ」となるものにしましょう（P.101）

　これらの結論に対し、根拠となるエピソードを挙げることで、結論を補強します。エピソードは1つでも2つでもかまいませんが、結論が2つあってはいけません。**結論を常に1つにすることで、相手に伝わる文章になる**ことを覚えておいてください。

●志望動機に書くべきこと

「志望動機」は、84ページで説明しましたが、重要なことなのであらためて確認しておきましょう。志望動機は、次の3つのことを順番に書いてください。

①**職業理念や強みをベースにした業界選定理由**
　ガクチカ、原体験、親、自己PR、軸、インターンシップなどをもとに記述する
②**その業界内における、当該企業選定理由**
　他企業と比較したうえでのその会社の特性と、あなたの中の軸との共通点をもとに、理由を記述する
③**（字数が余ったら）その会社でどのように貢献したいか**
　どのような職種でどのようにお客様及び会社、社会に貢献したいかを具体的に記述する

　志望動機は、上記の3つの要素を取り入れながら論理的に組み立てていきましょう。また、相手に共感してもらうことも大切です。面接を想定しながら、深掘りされても納得してもらえる志望動機にしましょう。

●入社後やりたいことに書くべきこと

　「入社後にやりたいこと」については、「即戦力として活躍したい」というのはやや謙虚さに欠けるため、**「できるだけ早く業務を覚え、〇〇を担当できるようになりたい」という形で記述するほうがよいでしょう**。なお、文言が一部、志望動機と重なっていても問題はありません。右ページに、各職種を受ける場合の事例を掲載しているので参考にしてください。

入社後にやりたいことの例	
営業職の場合（金融系）	できるだけ早く営業担当としての基礎的な力を身につけ、将来的には資産運用に悩むお客様に解決策を提案できるようになりたい
一般職の場合	業務システムをできるだけ早く扱えるようになり、会社で働く人たちをサポートできるようになりたい
技術開発職の場合	現場で使われているプログラミング言語をできるだけ早く習得し、貴社の看板商品であるAシステムに携われるようになりたい

　インターンシップにエントリーする場合も、ESの提出が必要なケースがあります。この場合、「インターンシップでどんなことを学びたいのか」といった質問がくることが多いので、**「現場を知り、今後の学業や研究、就活に活かしたい」という内容**で書いてください。各職種を受ける場合の事例を掲載します。

インターンシップで学びたいことの例	
営業職の場合	貴社の商品がどのように販売されているのかを学び、今後のゼミナール活動や自身の就職活動に活かしたい
一般職の場合	一般職の業務で求められるスキルについて学び、今後のゼミナール活動や自身の就職活動に活かしたい
技術開発職の場合	貴社の商品がどのように開発・製造されているのかを学び、今後の研究活動や自身の就職活動に活かしたい

\まとめ**POINT**/

✓ **相手が求めていることに対して、的確に回答していこう**

3 自身の経験をまとめよう

エントリーシート全体で一貫性が出るよう、自己分析で洗い出した項目を体系的に整理しましょう。

● 一貫性を出すのはストーリー

就活で聞かれるのは、現在のこと（志望動機）、過去のこと（学生時代に頑張ったこと）、そして未来のこと（入社後にやりたいこと）です。この過去から未来に至るストーリーに一貫性があれば、面接やESの中身についての大半は相手にすんなり受け入れられます。企業は、**一貫性のあるストーリーをもとに、自分の進路を自分で選択している人を採用する**のです。あなたのこれまでのストーリーを整え、一貫性をもって選考に臨めるようにしておきましょう。そのための手順は3つあります。

STEP 1：自己分析や業界研究で洗い出したものを整理する

これまでの自己分析や業界研究で洗い出したものをノートに書き並べてみましょう。

・夢中になったこと
・貢献したこと
・培った技術、経験
・強み、才能、職業理念から導かれる業界　など

これらを整理して書き並べていくと、徐々にストーリーが描けてくると思います。そうしたら、次のステップに進みます。

STEP 2：フレームワークに当てはめてストーリーをつくる

STEP 1 で洗い出した事柄を、以下の空欄の部分に入れて自然なストーリーをつくってみましょう。

私は○○な人に▲▲といった役割・仕事で貢献していきたいです。私は＿＿といった家庭に生まれ、幼少期から＿＿に熱中してきました。中学に入ってからは部活に入り、＿＿の重要性を学びました。高校では受験勉強をするなかで＿＿について興味をもち、大学ではそれを専攻しました。在学中は主に＿＿について学び、課外活動・バイトとして＿＿をし、＿＿の技術を身につけました。今思えば、これまでの人生は今後○○な人に▲▲といった形で貢献するためにあったと考えます。
このことから、就職活動では先ほどの思いが最も実現できるであろう＿＿業界を志望しており、貴社はそのなかでも＿＿という点において非常に魅力的だと感じております。入社後はこれまでに培った＿＿を貴社の◇◇事業部（ないしは□□職）で活かし、＿＿に挑戦したいと考えております。

STEP 3：社会人にストーリーを見てもらう

ストーリーが完成したら、それを社会人に見てもらいましょう。できればあなたが目指している業界の人がよいです。ストーリーの弱点を指摘してもらい、それを改善することでより説得力のある内容になります。

\まとめPOINT/

✓ **過去から現在、そして未来に至るまでのストーリーをつくり上げよう**

4 ガクチカと自己PRのテンプレートをつくろう

最頻出となるガクチカと自己PRのテンプレートの作成手法について解説します。

●学生時代頑張ったことの書き方

　「ガクチカ」と「自己PR」は、大半の企業のESに登場する、最頻出の質問です。**毎回作成する手間をはぶくためにも、テンプレートを用意しておく**とよいでしょう。まず、ガクチカの書き方ですが、就活時に人事が用いていることの多い「コンピテンシー面接」を参考にした型を使ってみましょう。「コンピテンシー面接」とは、応募者が話す内容に対し、なぜそのような行動をとったのか、という背景や状況を掘り下げていき、応募者が自社に合った能力やスキルをもっているかを探る方法です。テンプレートを書く際にも、この型に合わせて書いていけば、ESが通過しやすくなります。実際にどのような型なのか見ていきましょう。

┌─────────────────────────────┐
　　　　コンピテンシー面接の型
└─────────────────────────────┘

①私は学生時代、＿＿＿することに力を入れました。

②これに力を入れたきっかけは、＿＿＿だったことです。そこから、＿＿＿したいと思って挑戦することにしました。

③しかし、いざ始めてみると＿＿＿などでうまくいかず、問題を抱えました。

④これに対して周囲の人の助けを借りながら、＿＿＿や＿＿＿に取り組みました。

⑤結果として＿＿＿となり、この経験から＿＿＿を学びました。
⑥（任意）この学びを今後は＿＿＿の仕事で活かしたいと考えて
　います。

●結果がすばらしいものになっていなくてもよい

　上記の「コンピテンシー面接の型」を使ってテンプレートを作成
していくなかで、一点気をつけておきたいポイントがあります。そ
れは、ガクチカの内容が、結果や成功した事柄ばかりに比重が置か
れ、ほかの要素が少なくなってしまうということです。一般的なガ
クチカは、以下のような割合の文章になってしまうことが多いの
で、注意しましょう。

```
一般的なガクチカ
①目標設定(10%)　　　　②苦労・困難・共通の敵(20%)
③仲間・努力・工夫(20%)　④問題解決・成功(50%)
※　％＝文字の分量の割合
```

　面接官が聞きたいのは結果の部分ではなく、**困難に陥ったときや
挫折したときにどのように立ち直るのか**ということです。加えて、
学生の成功の多くは利益を出すものでないことが多く、社会人から
すると大きな評価に値しないことがほとんどです。ですから、書く
べき内容の割合は、以下のような文章量が理想です。

```
通過しやすいガクチカ
①目標設定(10%)
②苦労・困難・共通の敵(40%)　←ここを膨らませる
③仲間・努力・工夫(40%)　←ここをさらに膨らませる
④問題解決・成功(10%)　←ここは抑える
```

たとえ結果がすばらしいものでなくとも、次は挽回したいという流れにすれば、失敗から学びを得ているという評価ポイントにつながります。ですから、**ガクチカの結果が必ずしもすばらしいものになっている必要はない**ということを覚えておいてください。

　以上のポイントを考慮した具体例を見ていきましょう。

具体例

私は大学院でビジネスの視点での勉学に打ち込みました。地域活性化を経営学の視点に当てはめて、どうすれば地域や企業がよくなるかを勉強しています。京都育ちの私が島根の大学で学んだことをきっかけに、人口が激減する地方の現実に危機感を覚え、地域の発展を真剣に考えるべく、社会人の方とともに厳しい環境で学べる今の大学院に進みました。そのなかで<u>大学院主催のビジネスコンテストに特に力を入れて打ち込みました</u>（①目標設定）。授業で学んだ知識を活かして取り組みましたが、<u>社会人経験のない私は具体的な実現プランや収支計画が上手にできないといった課題がありました</u>（②困難）。<u>課題を克服するために、大学院の教授から指導していただき、何度もブラッシュアップを重ねました。早朝からの指導や深夜にも及ぶプラン作成で、かなりの苦労をしましたがやり遂げ</u>（③努力）、<u>結果500人の応募のなかから準大賞をとることができました</u>（④成功）。この経験から具体的な計画をつくる企画力が身につきました。

ポイント

このガクチカは、自分自身の経験のなさを途中で認めているところが学生らしくてよいです。内容がしっかりとしているからこそ、学生らしさを出すことで採用担当者の共感を呼ぶことができたと思います。

●自己PRの書き方

　自己PRは基本的に**結論→論拠の順**で書いていきます。結論では、「私は〇〇ができます／〇〇が強みです」と最初にいい切り、論拠で、これまでの活動やあなたの経験などのエピソードを書きます。これについては、**「PREP法」**に従って、記載していくと書きやすいでしょう。PREP法とは、「結論（Point）」「理由（Reason）」「具体例（Example）」「結論（Point）」の順番で話を展開する文章構成のことです。以下の具体例を参考にしてみてください。

> ①**P**oint：自己PRの結論
>
> 　私は誰とでも仲よくなることができます
>
> ②**R**eason：理由
>
> 　この力は、幼少期から人種のるつぼといわれるアメリカで過ごしたことにより身につきました
>
> ③**E**xample：具体例
>
> 　大学３年次のサークル活動ではこの力を活かし、国際交流パーティーを開催し、各国から合計80人もの大学生を集客し、大成功を収めることができました
>
> ④**P**oint：自己PRを今後の仕事でどう活かすか
>
> 　今後社会人になってからもこの力を活かし、営業担当として多様な人々と関係をつくっていきたいと思います

●キャッチーな結論を書こう

　自己PRの結論を書く際のポイントは、その結論を採用担当者が読んだときに「おっ、この人はおもしろいな」と感じるかどうかです。自己PRをキャッチーなものにするために有効なのが**「４Uの法則」**というものです。「４Uの法則」とは、４つのUの頭文字をとったもので、この４つのUを満たすことができれば、担当者に興味を

もってもらいやすくなります。以下、営業職を受けるときの自己PRを例にして「4Uの法則」を説明していきます。

①**Unique：独特であること**

営業職の場合、ほとんどの人が「私の強みはコミュニケーション力があることです」といいます。ほかの人と差別化を図るためにも「コミュニケーション力」という言葉を使わずに、強みをアピールしましょう

> 例：私は相手との距離を短時間で縮めることができます。

②**Useful：相手にとって有益・職種で役立つものであること**

①の例は、営業職をやるにあたって非常に重要なことです。距離を縮められなければ、そもそも交渉になりません

③**Urgent：期限や時間を入れること**

先ほどの「短時間で」を「3分で」にしてみてはどうでしょうか。これだけで、より具体的になります

④**Ultra-specific：具体的であること**

当初の「コミュニケーション力」よりも、「相手との距離を3分で縮める」のほうが具体的なため、担当者が志望者の職種をイメージしやすくなります

> 修正前：私の強みはコミュニケーション力があることです。
> 修正後：私は相手との距離を3分で縮めることができます。

多くの学生がアピールする同じ強みでも、「4Uの法則」を活用すると、採用担当者の目にとまるものとなります。

この「4Uの法則」を使って自己PRを書いてみましょう。以下、具体例を紹介していきます。

具体例

私の強みは、<u>相手との距離を3分で縮められる</u>ことです。その背景には、もち前の「明るさ」や「本音を引き出しやすい人柄」があると考えています。私は、常に相手の目を見て話すことや笑顔で接することを一番大切にしています。その具体例として個別指導塾の講師をしていたときのことが挙げられます。このときは、生徒が話しかけやすい明るい人柄や、生徒の本音を引き出したあとに、親身になって知見を活かしたアドバイスをしたことで、生徒と信頼関係を築くことができ、心を開いてくれました。生徒の親御さんからも「〇〇先生は相談しやすい、と子どもがいつも話していました」という感謝の言葉をよくいただきました。以上から、私は付き合いやすく、すぐに距離を縮められる人間であると自負しています。社会人になってからもこの強みを活かし、<u>お客様や会社の先輩の方々との距離を縮め、信頼される人間になりたい</u>と考えています。

ポイント

塾講師の経験をもとに自分の強みがわかりやすくまとまっています。営業職に提出することを考えて、塾講師のエピソードを対人関係の実例として説明しています。

まとめPOINT

☑ テンプレートを活用し、あなたらしいガクチカと自己PRを作成しよう

5 テンプレート以外の質問への答え方

ガクチカや自己PR以外のES課題に対する回答の仕方を学びます。

●企業独自の質問がきたときの答え方

「ガクチカ」や「自己PR」以外の、その企業独自の質問がきた際は、**「結論→根拠」あるいは「結論→詳細」という順番**で自分の答えを書くようにしましょう。面接官は、多くの学生のESを読むため一人ひとりに時間をかけられません。結論を先にいわずダラダラと経緯を書いてしまうと、自分のいいたいことが伝わる前に、読んでもらえなくなってしまう可能性もあります。「自己PRの書き方」(P.101)で解説した「PREP法」を使い、相手に伝わる文章を書くことを意識しましょう。それでは、具体的な事例を2つ紹介していきます。

課題	就職活動以外での悩みと、その悩みをどのように解決したのか、また解決するにあたって大切にしたことがあれば、具体的に教えてください。(200文字以内)
回答	部活をやめないということです。週6日の部活動を続けていくことが肉体的にも精神的にもつらく、続けるかどうかについて悩みました。しかし、自分の意思で始めたことを途中でやめたくないと思っていたことや、これまでの人生においてつらいことがあっても最後まで続けたことによって大きな達成感を得てきたことを思い出し、最後まで続けることを決意しました。

部活をやめないという結論から入り、その詳細をあとから記載していますので、非常に読みやすい文章となっています。

| 課題 | 当社で実現したいことを自由に記入してください。(200文字以内) |

回答　「相手のために粘り強く行動し信頼を得る」という私の強みを活かし、代理店の方々と信頼関係を構築することで、顧客となる企業のリスクを軽減し彼らが挑戦する手助けをしたいと考えています。そのために入社後は保険についての勉強はもちろん、顧客に真摯に向き合い、求めているもの以上の情報提供ができるようになりたいです。誰もが活躍できる環境が整っている貴社でなら、その実現ができて長く働き続けられると感じています。

ポイント
企業研究がしっかりとなされている例です。結論から入り、そのための具体的なプロセスをあとから述べています。損害保険会社に対して提出するESとしては、秀逸な出来であるといえるでしょう。

\まとめPOINT/

☑ 結論→根拠の順で回答するように心がけよう

6 履歴書の写真にこだわろう

写真によって相手が抱く印象は変わります。履歴書に貼る
証明写真の基本ルールを押さえましょう。

● 基本的な ルール

就活生のなかには、写真写りが原因でなかなかESが通過せず、悩んでいる人がいます。実は、ESが通過する人の写真は、以下の3つの基本ルールがきちんと押さえられています。

> **ルール①　背景は水色または白色**
> 証明写真を撮るときの背景は、水色または白が基本
> **ルール②　撮影から3カ月以内の写真を使用する**
> 必ず今の自分の姿に近い、3カ月以内に撮った写真を使う
> **ルール③　サイズは縦40mm×横30mm**
> 履歴書の証明写真の枠に合う、縦40mm×横30mmのサイズにする

● 自分で撮るvs写真スタジオで撮る

アルバイト用などであれば、証明写真機で撮影したものでも問題はありませんが、就活の場合だと**写真館などの写真スタジオで撮ってもらうのが無難**です。

右ページの2枚の写真は、同じ人が証明写真機で撮影した場合と撮影スタジオで撮影した場合の写真です。

証明写真機で撮影	写真スタジオで撮影

　２枚の写真を見比べてもらえればわかるとおり、右の写真と左の写真では印象がかなり違います。「肌の色が明るい」「顔がシュッとしている」「色が映える」「襟がきちんと整っている」など、右の写真のほうが就活向きであるといえます。

　履歴書の内容にこれといった特徴がなければ、印象でしか判断できなくなります。そんなときに**よい印象の写真を添付するだけで通過率は大きく変わる**のですから、証明写真機よりも写真スタジオで写真を撮ることをオススメします。

　なお、写真スタジオで就活用の写真を撮ってもらっても１万円以上することはあまりありません。就活写真専門の写真スタジオに行けば7000円程度で服装、メイク、撮影、加工、データ及び写真の提供まで行ってくれます。

\ まとめ**POINT** /

☑ **履歴書やESの写真は写真スタジオで撮影してもらおう**

7 内定が出る人の事例を見てみよう

具体的な事例をもとに、エントリーシートで担保すべきレベルのイメージをつくり上げましょう。

●エントリーシートを書く際のポイント

　ESを書く際に気をつけたいポイントが4つあります。以下に具体的な事例を紹介しますので、参考にしてみてください。では、1つずつ見ていきましょう。

POINT 1：自分の言葉で書く

　多くの就活生は会社に合わせて自分が思ってもいないことをESに書いてしまうものです。こういったESでよく見られるのは、**ガクチカと志望理由、そして将来やりたいことにまったく一貫性がない**というものです。以下は、一貫性のある志望動機の具体例です。「私は技術力を重視する」というメッセージで、過去・現在・未来に一貫性があります。

　　具体例

私が貴社に興味をもった最大のポイントは、貴社の制御系開発における技術力にあります。インターンシップの経験をきっかけに、エンジニア職に興味をもった私は、これまでの部活動で自身の技術力向上が周囲への貢献につながることを学んだ経験から、「技術力を継続的に向上できる環境で、プロのエンジニアになれること」を会社選びの軸としています。貴社は(1)通信における制御系開発を得意としている、(2)技術力向上に向

けた会社の支援制度が充実しているため、成長環境として非常に魅力的であると感じました。また、私は将来にかけてIoT技術の発展に貢献していきたいと考えています。そのために必要なネットワークやソフトウェア関連の知識・技術を学べる点にも魅力を感じているため、今回志望いたしました。

POINT 2：業界・業種で求められている素質を書く

業界には必ず求められている素質があります。その**素質と真逆のことをESに書いてしまうと、落とされる可能性が高い**です。以下に、強みと素質がむすびついている自己PRの具体例を紹介します。

具体例

私の強みはまわりを巻き込んでチームを１つにする力があることです。この力を「子ども食堂」のボランティア活動で発揮しました。子ども食堂では、日本の恵まれない子どもたちにホッと安らぎを与えるような場を提供しており、私は学生リーダーとして活動をしています。

リーダーに就任した際、地域の方々から何かイベントを開催してほしいとの声が20件ほど上がっていたため、12月にクリスマス会を開催することに決めました。その際、13名の高齢者の方々が当日スタッフとして協力をしてくれる予定でしたが、その方々のモチベーションは低い状態でした。私はイベントの目的と目標を伝えながら、彼らの個性が活きる形で仕事を割り振り、彼らのやる気を引き出し、巻き込んでいきました。結果、総勢65名の親子が参加し、スタッフ全員が活き活きしながらイベントを開催することができました。社会人になってからはこの強みをメーカーの生産管理職で活かしたいと考えています。

POINT 3：志望動機は他社で使ったものをコピペしない

　その会社の事業のこと、その会社の風土のことをあまり調べずに**他社でも使ったESをそのまま提出してしまうと、落ちる可能性が高まります**。

　あなたが志望する会社の強みをひととおり理解したうえで、なぜその会社で働きたいのかを一度、じっくり考えてから内容を書き始めましょう。以下に会社のことを理解している志望理由の具体例を紹介します。

具体例

私は、大学で車に関する知的財産法を勉強していたこと、そしてレンタカー店でのアルバイトでお客様がよく事故を起こす現場を見ていたことから、自動車の安全に関する仕事に携わりたいとかねてより考えておりました。説明会に参加した際に、プレス技術で車に乗っている人々の安全を支える貴社の熱意を感じたため、ぜひここで働きたいと考え、志望いたしました。

また入社後は、生産管理業務に挑戦したいと考えております。その理由は2つあります。1つめは、学生時代に知的財産法を学んでいたため、文系の職種のなかでモノづくりの最前線で働くことができる生産管理にとても魅力を感じているからです。

2つめは、「相手との距離を短い時間で縮められる」という私の長所が活かせる仕事だと考えたからです。

生産管理は人を巻き込んで仕事をする機会が多いからこそ、謙虚な気持ちや感謝の気持ちを通じて自己成長することが必要だと考えています。入社後はそれに足りうる人間になれるよう、努力していく所存です。

POINT 4：正しい日本語で結論から書く

そもそも日本語を間違えているESが多く見られます。まずは自分のESを手元に置き、以下のチェックポイントを確認し、改善するポイントがないかを検討してみてください。

- ☐ 読み手に何を訴えようとするか、その要点をはっきりさせる
- ☐ 文章の展開は、なるべく素直で自然な順序にする
- ☐ 文と文の接続には、接続詞や指示詞をうまく使う
- ☐ 長すぎる文は、適切に区切る
- ☐ １つの文のなかに、２つ以上の違った事項を盛り込まないように注意する
- ☐ 文脈の食い違いを起こさないよう注意する
- ☐ 主語と述語をなるべく近づける
- ☐ 修飾語が長くなるときは、別の文にする
- ☐ 難しい熟語、文語、専門用語は、できるだけやさしい表現にいい換える
- ☐ 外来語、外国語を乱用しない
- ☐ 必要な敬語は落とさない
- ☐ 「です・ます」調と「だ・である」調は、原則として混用しない

まとめPOINT

☑ 自分で推敲（すいこう）するのはもちろん、他人にも見てもらうことで、通過するESに仕上げよう

8 自己PR動画の撮り方

近年頻出の自己PR動画の撮影方法について5つのポイントを押さえましょう。

●自己PR動画選考の注意点

　近年では、対面で面接をするよりも効率がよいことから自己PR動画を導入する企業が増えてきています。選考では一次面接と同様に、身だしなみやマナーなど新社会人として一般的な基準を満たしているかどうかが確認されます。以下、自己PR動画による選考特有の注意点について解説していきます。

①背景に注意する

　自己PR動画は自宅で撮影することが多いと思いますが、**背景はなるべく白い壁紙**にしましょう。

　なぜなら、動画の場合、カメラ映りのよし悪しがそのまま評価につながるからです。ホワイトバランスを調整するなど、**自分の映りを意識して撮影に臨むことが大切**です。

②端的に答えられるように練習する

　結論のあとに根拠を述べ、最後にまた結論で締める**「PREP法」の構成を活用**しましょう。

③いつもよりも明るく話す

　撮影の際には普段よりも明るく話すことを心がけましょう。いつもよりも笑顔を意識したり、大きな声で話したりすれば、ちょうど

いい熱量が相手に伝わります。このあたりは慣れも必要になってくるので、一度インカメラで撮影してみて、**録画した自分の受け答えの様子をチェック**してみましょう。

④身だしなみや言葉遣いに気をつける

対面での面接と同様、**自分の容姿も評価ポイントになる**ので身だしなみには特に気をつけましょう。気を抜かず、あくまで目の前に面接官がいるつもりでカメラと対面することが重要です。

⑤画面の余白に気をつける

自分がカメラに近すぎると、画面全体に占める自分の姿が大きくなってしまい、相手からするとやや窮屈な印象につながります。一方で、カメラから遠すぎるのも、自分の存在感が小さくなってしまいます。**座って撮影をする場合、頭の上のスペースは、こぶし1個分ぐらいの余裕を**もたせましょう。上半身は画面の中央を意識して、シャツの第二ボタンが入るくらいの距離感で調節するとバランスよく見えます。

人と背景との理想バランス

遠すぎる　近すぎる

提供：PIXTA

\まとめPOINT/

- ✓ オンラインでの自己PR動画は、対人面接のとき以上に熱意をもって振る舞おう

ESはいつまでに
出せばいい？

ESは、締め切りギリギリに出すと、
たいてい損になってしまいます。
スケジュール管理を徹底することで対処しましょう。

- -

　人事担当者の多くは、ESを先着順で見ています。そのため、企業のエントリーが始まったらできるだけ早く提出をしたほうが相手の印象に残りやすいため、最低でも締め切りの3日前には提出しておきます。とはいえ、複数の企業に同時にエントリーをする場合、各企業の選考状況が把握できなくなってしまいがちです。以下のようなエクセルシートで企業のエントリー締め切りなどのスケジュール管理を行いましょう。

企業名	インターンシップ	会社説明会	エントリー	ES	適性検査	課題
××株式会社	結果待ち 日時：2/19	日時：1/19	締め切り：3/3	締め切り：3/10	締め切り：3/17 種類：TG-WEB	締め切り：3/24 提出方法：郵送 概要：××
●●株式会社	連絡待ち	Webで視聴可能	締め切り：3/23	未定	未定	未定
△△株式会社	日時：12/18 締め切り：11/18	予約済	締め切り：3/18	未定	未定	未定

　表のように、選考プロセスごとの締め切りが把握できるようにするのがポイントです。ときには数十社以上にエントリーすることもあるわけですから、各社の先行状況と締め切りをひと目で把握できるシートをうまく活用してください。

5

インターンシップを
有効に活用しよう

最近では、ただの業務を
体験できる場でなく、選考の一環として
行われるインターンシップ。
インターンシップの内容や参加するメリット、
成功させるためのポイントなどを把握して、
就活を有利に進めていきましょう。

1 インターンシップの基礎知識

インターンシップに応募するうえで知っておきたいことをまとめています。

●インターンシップとは

インターンシップというのは、**大学生が決められた一定の期間、企業で勤務する「職業体験」**のことです。内容としては、1日など短期のものから数カ月、なかには数年に及ぶものまであり、その目的や内容も企業によって大きく異なります。もちろんインターンシップであっても企業は誰でも無制限に受け入れるわけではありませんので、選考を突破しなければなりません。

●参加することの3つのメリット

インターンシップに参加する3つのメリットを以下に挙げてみました。

メリット1：具体的な仕事のイメージが得られる

インターンシップを通じて、**業務の実態を詳しく知ることができるため、自分が将来本当にしたい仕事や将来の姿を探すことができます**。現代には、数多くの業界や職種がありますが、仕事に対する具体的なイメージをもてる機会は少ないでしょう。

そもそもどのような仕事があり、その仕事にはどんなやりがいがあるのかなど、インターンシップに参加することで、仕事内容や、社会人として働くことに対する具体的なイメージをつかむことができます。

メリット２：内定に大きく有利になることがある

　大学生の早い時期からインターンシップを始め、**その企業でしっかりと働き、成長していくと、企業側は「そのまま就職してほしい」と考えるようになります**。その場合、何社も面接を行い内定をとるという、大変な就職活動をする必要もありません。実際に、インターンシップをしていた大学生がそのままその企業に就職するという事例は、どの業界でもよく聞きます。企業側にとっても、新卒採用の短い期間内に、自社に貢献してくれる人材なのか、自社の社風や企業文化に合った人材なのかを見極めるのは非常に難しいものです。その点インターンシップの場合は、実際の働きぶりを見たうえで判断することができ、双方納得した形で採用を決めることができるため、メリットがあるのです。

メリット３：どの業種においても経験が認められる

　長期インターンシップとしての経験があると圧倒的に就職活動が有利になります。**インターンシップで企業に勤務していると、社会人としてのマナーや常識、知識、技術などが備わっていると思われるから**です。またほかにも、人事に響く自己アピールのネタが醸成されます。多くの学生はよく、「アルバイトとして働いた経験があるので、インターンシップに行く必要はない」と考えがちですが、企業側の視点からすると、アルバイトとインターンシップでは任せられる仕事の内容や責任の重さが違うため、実際の業務に近いインターンシップの経験をより重要視しています。

まとめPOINT

☑ **インターンシップを有効に活用し、就職活動を有利に進めよう**

2 インターンシップの種類を知ろう

インターンシップの種類を知り、自分自身の就活に活かせるものを選択できるようにしましょう。

● 短期インターンシップとは

　大学3年生の6月から翌年2月にかけて、サマー・インターンシップやオータム・ウィンターインターンシップと呼ばれる短期インターンシップが数多く行われます。1日で終了する1dayインターンシップの場合は、実際に1日企業の業務を体験し、どのような業務内容なのか知るということが目的です。説明会をさらに詳しくしたものだと考えるとよいでしょう。

　数日から1週間ほどの短期のインターンシップの場合、**企業によっては就職選考の一環として行われる**ことがあります。学生同士でグループワークを行ったあと、プレゼンテーションを行うといった形式のものが多く、「同じチームの人とどのようにコミュニケーションをとっているか」「仕事に対してどのように取り組んでいるか」「その業界・業務に対してどれほどの知識があるか」などが判断されます。つまり、自分がその会社や業界のことを知るというメリットだけでなく、**自分が評価される場になる**ということです。

　企業によっては、短期インターンシップの参加者限定で一次面接を免除するケースや、インターンシップのプレゼンテーションでMVPに選ばれた学生は選考をスキップしていきなり最終面接に進むケースもあります。また、なかにはインターンシップ参加者からしか採用を行わない企業もあります。志望度の高い企業のインターンシップにはぜひ参加しておきましょう。

●秋冬での短期インターンシップは内定のチャンス

大学3年生の秋冬などの早い段階から短期インターンシップを行っている企業は、できるだけ早く、ある程度の人数の内定者を確保しておきたいという考えがあるため、学生にとっては、**自分の実力よりも少し上の企業から内定をもらえるチャンス**となります。

たとえば、新卒を100人採用するという目標がある会社の場合、採用担当者は目標の人数を達成できるように、早い段階で「70人の内定者を確保したい」と考えます。ですので、この段階ではまず人数を確保することが重要になります。その後、無事に70人を確保できた場合、ある程度の人数を確保できたので残りの30人はより厳選して選ぼうとする傾向があります。選考があとのほうになればなるほど、担当者の目は厳しくなっていくのです。

●長期インターンシップとは

短期インターンシップの多くは大学3年生の夏から始まりますので、大学1～2年生の場合は、長期インターンシップに参加してみましょう。ベンチャー企業や比較的新しい会社の場合、長期インターンシップを行うことがあります。これは、数カ月から数年にわたって実際に仕事を行うというもので、給料が支払われます。長期インターンシップに参加することができれば、**自分の知識やスキルの向上はもちろん、その業界や企業に対して大きなアドバンテージをもつことができます**。勤務の頻度は週1～3日程度のものが多く、制約や拘束時間が多い分、得るものが多いのが特徴です。

まとめPOINT

✓ 長期インターンシップで力をつけて、短期インターンシップで内定を決めよう

3 長期インターンシップの探し方

長期インターンシップの探し方のポイントを押さえて、自分に
合った長期インターンシップを見つけましょう。

● ベンチャー企業で長期インターンシップ

　長期インターンシップを募集している企業の多くはベンチャー企業です。ベンチャー企業は、「新しいことに挑戦していきたいが、成長途上のため人材が不足している」ということから、学生の力を活用することができるインターンシップ制度を採用している企業が多いのです。

　ベンチャー企業の場合、正社員だけではすべての仕事がまわらないこともあるため、たとえ**インターンシップであっても正社員に近い、責任や裁量のある業務を任される可能性が高い**です。そのため、実際の業務を日々こなすなかで、スキルアップを図ることができます。また、働くことに対する具体的なイメージが湧き、将来の仕事や働き方について考えるきっかけにもなるでしょう。

● 長期インターンのポータルサイトの活用

　自社のホームページなどでインターンシップを募集している会社もあります。自分の志望度が高い企業が長期インターンシップを募集している場合は、ぜひ応募してみましょう。

　一方で、まだ志望業界が固まっていないので、興味のあるインターンシップのなかから探したいという場合には、**多くのインターンシップを集めたインターンシップのポータルサイトを活用**してみましょう。インターンシップのポータルサイトは、「インターンシッ

プガイド」「Infraインターン」「Goodfind」「ゼロワンインターン」「Wantedly Intern」などがあります。各ポータルサイトでは地域や業界、キーワードで検索ができるため、自分の住んでいる都道府県や興味のある業界のインターンシップを見つけることができます。

ポータルサイトには、各企業の事業内容やインターンシップで行う仕事内容、身につくスキルなどの情報が載っているので、複数社のインターンシップを見比べながら、興味があるものにエントリーするとよいでしょう。

●希望業界の長期インターンシップがない場合

インターンシップのポータルサイトで検索しても、希望業界の長期インターンシップが見つからない場合は、**興味のある企業に直接連絡して、「インターンシップの募集をしていないか」を問い合わせる方法もあります**。断られることが多いかもしれませんが、特に、ベンチャー企業や規模の大きくない企業の場合は、やる気のある学生を歓迎してくれることもあります。

また、希望の業界や仕事とぴったり合致するインターンシップが見つからない場合は、自分の希望そのものでなくても、希望に近い業界や仕事内容のインターンシップで経験を積んでおきましょう。インターンシップに参加することで、自身の魅力度を高め、実際の本選考の際のアピール材料とすることができます。

まとめPOINT

☑ **インターンシップを見つけるためにはインターンシップのポータルサイトを活用しよう**

4 複数のインターンシップに参加しよう

職業理念が決まり、実現できそうな業界が複数あったと思います。
夏のインターンシップでは、複数の業界にエントリーしてみましょう。

●3年生の夏のインターンシップの目的

　大学3年生の夏のインターンシップの目的は、選考直結型のもの
に参加して内定を獲得することではありません。むしろ、**さまざま
な業界のインターンシップに参加して自分が向いている仕事とそう
でない仕事を見極め、秋以降の就職活動の方針を立てられるように
すること**です。そのため、単一の業界だけを受けるのではな
く、複数の業界を受けていくことをオススメします。

夏以降の戦略について

	もともとの志望度が 高い業界	もともとの志望度が 低い業界
夏のインターンシッ プで向いていること がわかった場合	秋以降、この業界から の内定を獲得するため にやるべきことをリス トアップする	新たに見つけた自分が 向いていて、かつ受か りやすいと感じた業界 に目標を変更する
夏のインターンシッ プで向いていないこ とがわかった場合	この業界はあきらめて別の業界を受ける	

　夏のインターンシップを受ける前は、その企業に対するイメージ
が、漠然とした憧れやCMなどから受ける印象のみという場合も少
なくありません。しかし、インターンシップという職業体験を通し

て、否応なしに、その仕事の現実を知ることとなり、**自分がその業界に「向いているか・向いていないか」を検討できるようになります**。

　このとき、一番いいのは「志望度がもともと高い業界のインターンシップに参加し、実際にそれが向いている」とわかった場合です。この場合は、インターンシップに参加したことで目標設定がより明確になり、秋以降の活動計画が立てやすくなります。しかし、「自分には向いていない」ことがインターンシップで発覚した場合、その業界のインターンシップにしか行っていないと、秋以降の目標を見失ってしまいます。そうならないためにも**インターンシップは業界を絞らず受けておくといい**のです。業界研究を続けていくと、あなたの職業理念に該当する業界が複数あることに気づくはずです。

●秋以降は業界別対策を行うべき

　夏のインターンシップで志望する業界を定めたあとは、**その業界の企業に受かるために必要な、個別の対策を行って**いきましょう。具体的には、筆記試験の対策や、さらなる業界・企業研究、業界特有の面接試験がある場合はその対策などを行いましょう。第一志望の企業が決まっている場合は、その企業のOBやOGとのコネクションをつくり、就活を有利に進めていくことも1つの手段です。

　いずれにせよ、夏のインターンシップで業界を定めることができれば、秋以降のスケジュールが立てやすくなるわけです。そのためには、夏のインターンシップでは複数の業界を受けて、自分に向いている業界をきちんと見分けられるようにしてください。

まとめPOINT

☑ 向いている業界を探るためにも、夏のインターンシップは複数の業界を受けよう

5 インターンシップを成功させるために

短期インターンシップのポイントを学び、早めの準備を心がけましょう。

● 短期インターンシップ参加の前段階でのポイント

　短期インターンシップでは「本選考ではなくインターンシップだからまだ準備しなくても大丈夫」と油断してあまり準備をせず、後々後悔するという学生が毎年多く見られます。以下、インターンシップに参加する前段階でのポイントをまとめてみましたので、見ていきましょう。

① インターンシップを受ける企業をリストアップする

　まずは、PART 2 で行った自己分析をもとに、**インターンシップを受ける企業をきちんとリストアップ**しておきましょう。実際にインターンシップが行われるのは夏休み、春休みなどの大学が休みの時期ですが、インターンシップにエントリーする時期はインターンシップの1カ月前の授業期間中であることもあり、「気がついたら希望の企業のインターンシップの受付が終了してしまっていた」という学生が毎年あとを絶ちません。志望度の高い企業については、就活クチコミサイトなどをチェックして、**例年はいつくらいにインターンシップの受付を行っているのかを事前に確認しておき、それに合わせてリストにしておく**ようにしましょう。もちろん、例年とは異なる時期にインターンシップを行う企業もあるため、特に志望度の高い企業については定期的にインターンシップのエントリーが始まっていないかチェックするようにしましょう。

②ESをきちんと提出する

　インターンシップにエントリーする際は、多くの場合、就活情報サイト、あるいは企業のホームページから直接エントリーすることになりますが、その際に、各企業からESの提出を求められることが多いです。ESの設問としてよくあるのは、「①インターンシップの志望理由」「②学生時代に力を入れたこと（ガクチカ）」「③自己PR」の３つです。PART４を参考に自分の魅力が伝わるESをつくり込み、期限よりも早めに提出するようにしましょう。

　通常の志望理由は「業界の選定理由→会社の選定理由」という２ステップになるのに対し、インターンシップの志望理由では以上の２ステップのあとに**「インターンシップでどのようなことを経験したい・学びたい」といった内容を述べる必要があります**。加えて、インターンシップのESは本選考の際のESと比べて少ない字数制限であることも多いため（本選考の字数制限は400文字程度が多いですが、インターンシップの字数制限は200文字程度が多いです）、より端的に必要な内容を述べたESをつくり込むようにしましょう。

③ガクチカと自己PRを面接でハキハキといえるようにする

　一流企業のような人気の企業のインターンシップの場合は、ESの提出だけではなく、インターンシップの参加前から面接のプロセスを設けている会社も少なくありません。こちらの面接も、後述のPART８を参考に、あくまで本選考と同様にしっかりと面接準備を行いましょう。

　上記のESや面接のように、**短期インターンシップの段階から時間と手間をかけて選考を行っている企業の場合、インターンシップから内定にむすびつく可能性が高くなります**。学生のみなさんはインターンシップの段階から選考が多いと負担に感じる人がいるようですが、しっかりと選考を行うということは、採用される可能性が高まるとも考えられます。むしろチャンスであると捉えるように

し、力を入れて準備を行うようにしましょう。

●短期インターンシップ参加中のポイント

インターンシップの選考では、採用担当者と面接を行ったり、会社説明を聞いたり、社員との懇親会が行われたりします。これは、**その企業のカラーや社風、採用において重要視している要素などを詳しく知る大きなチャンス**でもあります。常に自分は選考される側であることを意識しながら、内定にむすびつけるためのヒント、企業や働き方について知っておきたいことなどの情報を積極的に得るように努めましょう。

①企業分析・業界分析

インターンシップの選考に通過することができ、実際にインターンシップに参加することが決まったら、PART 3 を参考に、**事前にその企業と業界について詳しく調べておく**ようにしましょう。短期インターンシップでは、グループディスカッションを行う場合が多いため、口コミサイトなどをチェックして、例年はどのようなテーマが出題されているのかにも目を通しておきましょう。

②グループディスカッション

短期インターンシップは3～6人程度の学生がグループになり、ディスカッションを行う場合が多いです。企業から与えられたテーマに対し、グループで議論した内容を踏まえて代表者がプレゼンテーションを行うといった形になります。PART 8 を参考に、**グループディスカッションでの適切な立ち居振る舞いができるように準備**しておきましょう。

③人事との交流

数日から1週間をかけて行う短期インターンシップの場合は、イ

ンターンシップ開始前やお昼の休憩時間、当日の日程を終えたあとなどに人事の方に話しかけるタイミングがあるかもしれません。そのようなときは、積極的に話しかけ、企業や業界について質問するようにしましょう。

グループディスカッションの結果がよかった場合には、「大変光栄であること」「学びの多いインターンシップであったこと」などを伝え、結果がよくなかった場合にも、「今回の発表は自身ではこのような点が反省点だったと思う」「ぜひ人事の目からフィードバックをいただき今後につなげたい」ことなどを伝え、実際にフィードバックをもらった場合には、メモにとってお礼を伝えるようにしましょう。

インターンシップ後のお礼メールで差をつける

短期インターンシップを終えたあとは、担当の人事の方にお礼のメールを書くようにしましょう。企業にとってインターンシップを行うことは金銭的・時間的に多くのコストがかかっています。お礼メールの内容としては、インターンシップに参加してどのような学びを得たのか、また、それによって入社への思いがますます強くなった、などがよいでしょう。決まりきったテンプレートのようなお礼メールではなく、自分の言葉で具体的に書くようにしましょう。インターンシップ中は積極的にメモをとるようにして記憶に残しておくと、お礼メールも自分の言葉で具体的に書くことができます。

まとめPOINT

✓ **インターンシップであっても本選考のつもり**
できちんと準備を重ねよう

インターンシップ 参加後にしたいこと

インターンシップ後に対策をとらないのは
非常にもったいないことです。インターンシップの内容を
本選考につなげる方法を学びましょう。

- -

　例年、夏のインターンシップ参加後の９月に自己分析や業界研究などをやり直す人が少なくありません。これは、インターンシップに参加することで、自分の特性を知ることができ、別の業界に進路を変えるということが起こるからです。この際にポイントになるのは、今の自分に足りないものを把握し、秋以降のスケジュールを立て直すことです。夏のインターンシップの時点で仕入れた情報をもとに、秋以降に取り組む目標をリストアップし、その期限を決めていきましょう。よくある目標としては、以下のとおりです

・TOEIC®や簿記２級などの資格の取得
・筆記試験対策で解けない問題を少なくする
・研究で目に見える結果を残す

　これらの目標を立てたら、それを細かく分解し、10月までにAをこなし、11月までにBをこなし、という形でスケジュールに組み込んでいきましょう。このように、目標を細かく分解して着実に達成していく習慣をつけると、社会人になってからも役に立ちますし、秋の時期に頑張ったことを本選考のときにアピールすることができるようになりますので、ぜひチャレンジしてみてください。

PART

6

筆記試験&Webテスト
を突破しよう

選考のなかに、筆記試験、Webテストを
設けている企業もあります。筆記試験は、
出題傾向を把握しておけば、
比較的短時間で対策を打つことができます。
筆記試験を軽視して面接の前に
落ちてしまった、ということがないようにしましょう。

1 筆記試験＆Webテストの基礎知識

就活で必須となる筆記試験とWebテストの概要を学びましょう。

● 筆記試験とは

筆記試験の多くは企業の採用プロセスのうち比較的最初の段階で行われます。たいていの場合は、ESやWeb適性検査を突破した次の段階として行われるケースが多いでしょう。**筆記試験の目的は、企業が受験生をある程度ふるいにかけること**。つまり、一定程度の点数をとれないと足切りされてしまうということになります。加えて、学力を測る試験だけでなく、性格適性検査が行われる場合もあるので、対策と心づもりが必要になってくるでしょう。

● 筆記試験で問われる一般常識

就活における筆記試験は、数学や国語、英語のような科目別の試験ではなく「一般常識」の問題が出題される場合が多くあります。この一般常識は、**問題としてはそれほど難易度は高くありませんが、読解力や思考力、処理能力が求められる傾向にあります**。企業や業界によっては時事に関する問題や、その企業にゆかりのある地域に関する問題などが出題される場合もあります。特にマスコミ業界の筆記試験でこの傾向が強く出ます。

● 筆記試験で落ちる確率とは

筆記試験で落とされる割合は、業界や会社によって異なります。コンサルティング会社や金融業界のように足切りの基準を高く設け

ているところでは、落ちる確率が高くなりがちです。一方、営業職や販売職を採用する小売りやアパレルなどの業界の通過率は高くなります。

●筆記試験の受験の形式

　筆記試験の受験形式は大きく分けて３つあります。どの形式になっても一定の点数をとることが必要ですから、日頃から勉強を怠らないようにしましょう。

自分の所有するパソコンで受験するもので、どこでもどんなデバイスからでも行うことができる。しかし、企業からすると替え玉受験や誰かと一緒に解いていることを見抜けないという弱点がある。

ターミナル駅の近くに会場があり、実際に身分証明書をもって試験を受けにいく形式。なかには、テストセンターを受験しないといけない会社はそもそもエントリーしないという就活生もいる。

会社を訪問した際に、その場でテストを受けるというもので、会社からすると真の実力を測ることができるというメリットがある。

まとめPOINT

✓ 筆記試験の形式を理解して対策を進めよう

2 主な試験内容と対策について

頻出の試験の種類を知り、それぞれの試験問題の特徴を
理解しましょう。

● 筆記試験の種類

筆記試験にはいくつかの種類があります。そのなかでも多くの企業で使用されているのが、**「SPI」「玉手箱」「TG-WEB」「CAB・GAB」**の４つです。どのような内容の試験なのか１つずつ解説します。

● SPI(Synthetic Personality Inventory)

SPIの問題は**言語、非言語、性格適性検査の３つの形式**がありま
す。問題は中学生でも解けるようなレベルとなっており、問題の難
しさというよりも、いかに短い時間で多くの問題が解けるかといっ
た処理能力や判断力が問われます。そのためSPIでは早く問題を解
くための「慣れ」が重要になってきます。

● 玉手箱

玉手箱もSPI同様、問題量が多く、問題も中学生でも解けるよう
なレベルとなっています。しかし、言語の問題においては「長文読
解ののちに論理的思考力を問う問題」が出題されるほか、非言語問
題では、足し算、引き算、掛け算、割り算の「四則計算の穴抜け問
題」が出題されるなど、単純な学力とは少し異なり、**素早い処理能
力が求められます。**

●TG-WEB

SPI、玉手箱と並ぶメジャーな適性検査であるTG-WEBの特徴は、**難易度が比較的高めに設定されている**ということです。TG-WEBは計数問題に特徴があり、次のような問題が出題されます。

・立方体の展開図について正しいものを選ぶ（展開図問題）
・いくつかの単語が提示され、それぞれに対応したアルファベットなどが出され、その変換傾向を読みとる（暗号問題）

展開図問題に関しては、事前に問題集などである程度慣れておけば解けるようになります。一方、暗号問題に関しては、慣れというよりもひらめきが求められます。

●CAB・GAB

CABの能力検査の科目は、暗算・法則性・命令表・暗号・性格診断の5つ。一方、**GABの科目は言語・計数・性格診断**の3つです。以前はコンサルティング業界を中心に行われていましたが、最近では多くの企業の適性検査で使われています。CAB・GAB対策に共通するのは、**処理スピードが重要**になるという点です。

CAB・GABはじっくりと1問ずつ時間をかければ解けるように問題難易度が設定されていますが、出題数が多いため素早く処理する必要があります。対策をする段階から「どうしたら早く解けるか」を意識しつつ、解いていきましょう。

まとめPOINT

☑ まずはそれぞれの試験問題の形式を理解し、慣れていこう

3 適性検査の注意点を知ろう

適性検査の性格検査で落ちてしまう人に見られる傾向をあらかじめ押さえましょう。

●性格検査とは

性格検査では**就活生の性格だけでなく将来のポテンシャルや、その人がどの部署でどのような仕事に向いているかの判断材料**にも用いられます。そのため、就活生のなかには、企業が欲している人材に合わせて虚偽の回答をしたり、自分をよく見せようとついつい見栄を張ってしまう人が例年多く見られます。しかし、それはやめておきましょう。

なぜなら、就活生の性格を判断する材料は、この性格検査だけではないからです。ESからもその人となりは読みとれますし、会って直接話す面接ならなおのことです。企業はそれらすべてを考慮して就活生の人物像を把握していくので、**性格検査だけ背伸びして回答してもほかのところで矛盾が生じ、ウソはすぐにばれてしまいます。**

●極端すぎる回答は避ける

選択肢のなかにある極端すぎる項目を選ぶこともあまりよいとはいえません。その項目が本当の自分の性格であるならよいのですが、このような検査の場合、少し誇張して**極端な回答を選んでしまうケースが多くあります。**

たとえば「絶対に自分の意見は曲げない」という項目で「よく当てはまる」を選んでしまうと頑固すぎるイメージをもたれてしまう可能性があります。あくまで、ウソは絶対につかず、なおかつ角が

立たないような選択肢を選ぶのがよいでしょう。なお、適性検査の結果は以下のような項目が出てきます。

適性検査の結果の一例

①性格特性

尺度	評価	偏差値	20 30 40 50 60 70 80	内容
積極性	B	60		興味関心が高い
自主性	C	50		やるべきことに取り組む
責任性	A	70		自分の言動に責任をもつ
社交性	E	30		人付き合いが不得意
協調性	D	40		人と助け合える
活動性	B	60		常に動くことを好む

②行動特性

尺度	評価	偏差値	20 30 40 50 60 70 80	内容
リーダーシップ	B	60		統率力がある
フレンドリー	C	50		友好的な性格
バイタリティ	B	60		好奇心が旺盛
バランス	A	70		協力して取り組める
ポジティブ	C	50		落ち着きがある

③ストレス耐性

尺度	評価	偏差値	要注意　　普通　　問題なし	内容
集団行動	A	80		場に馴染むことができる
意思疎通	A	70		コミュニケーションがとれている
忍耐力	B	60		我慢強い性格
綿密さ	C	50		ルール厳守

まとめPOINT

✔ 性格検査はポテンシャルや仕事の適性を測る。虚偽の回答はやめよう

適性検査と面接の関係について

適性検査の内容と面接での自己PRが違う場合は、
面接官からその矛盾について指摘されることが
あります。そのような状況は事前に回避しましょう。

- -

　適性検査について、面接で次のような質問をされることがあります。

　「あなたは社交的であることをPRしていますが、適性検査の結果、内向的だという結果が出ました。これについて説明してもらえますか」

　なぜこのようなことが起こるのかというと、自己分析が足りておらず、思いつきでESの自己PR欄を埋めてしまったり、あなた本来の姿をアピールするのではなく企業が求めている人材に対して合わせすぎてしまっているからです。

　面接では、それまでにあなたが提出したESと適性検査を前提に判断がなされます。よって、ESや面接の内容と適性検査の内容が異なる場合は、その矛盾について面接官から必ず質問がくるはずです。

　この状況は、企業からよい印象をもたれないため、どんなに面接でよいアピールができても、落とされるケースが多くあります。そのため、適性検査、ES、面接の回答がきちんと一貫したものになるよう、自分自身のことを自己分析することでよく知っておきましょう。

就活マナーを身につけよう

メールや電話対応など、
就活では社会人としての最低限の
マナーが求められます。
基本的なマナーさえ身につけておけば、
採用担当者に好印象を与えられますので、
ここでしっかりと身につけましょう。

1 第一印象は身だしなみで決まる

なぜ身だしなみが就活の合否に影響を与えるのかについて学びましょう。

● 就活において見た目が評価される最大の理由

「人の内面は外見に現れる。だから外見を見れば、その人の考え方や職業、そしてこれまでの人生がどうだったのかまでわかってしまう」。これは、塾でマナーを担当している先生の言葉です。よく、「外見は関係ない。内面ができていれば人間関係はうまくいく」と思っている人がいますが、その考えは**「外見はテキトーでいいや」という内面が、外見に表れてしまっている**ともいえます。外見に気を配っている人からすれば「この人はいいかげんな人なんだな」という印象を与えてしまう可能性もあり、それだけでマイナス評価につながってしまうわけです。これが、身だしなみが重要になってくる理由といえます。

● おしゃれと身だしなみの違い

ここでもう1つ、身だしなみで押さえておきたい「おしゃれ」と「身だしなみ」の違いについて説明していきます。**おしゃれとは、自分らしさを表現する服装や行動のこと**です。あくまで自分視点なので、どんな格好であっても自分が楽しめるようであれば何も問題はありません。一方で、**身だしなみは相手を意識した社会的規範**です。周囲に不快感を与えないような服装や行動のことを意味します。

仕事は、誰かに価値を提供した対価としてお金をもらうことができます。そのため、相手目線になることが非常に重要で、**服装もそ**

の場に合っているか、清潔感があるかなど、相手から気持ちよく思われる格好をすべきだといえます。

　このことを会社の社長の立場から考えてみましょう。社長は常に会社の評判を気にしています。なぜなら、評判が悪くなるとお客様が減り、自分はおろか従業員の給料を払えなくなるからです。そんなときに、試験に来た就活生の服装が清潔でなかった場合、そのような格好の就活生を見て社長は採用したいと思うでしょうか。答えはノーです。お客様の前に出せるだろうかと不安になってしまい採用しない確率が高まります。このように就職活動は、**今まで自分目線だったものを相手目線に変えることから始まる**のです。

● 人は 見た目が9割

　最後に、「メラビアンの法則」のお話をお伝えしましょう。メラビアンの法則とは、人の印象はどんな情報に基づいて決定されるのかということを検証したものです。結果は、視覚情報が55%、聴覚情報は38%、そして言語情報は7%しか考慮されていませんでした。要するに、**話している内容よりも、見た目の情報によって判断される割合が多い**ということです。

　特に新卒採用はまだスキルがない人を採用するわけですから、「雰囲気がよい」という要素は採用に非常に有利に働きます。だからこそ、就活生が身だしなみを整えることは重要なのです。見た目が変わると外からの評価も変わり、外からの評価が変われば内面も変わっていきます。ぜひ身だしなみに注意を払ってください。

\まとめPOINT/

☑ **あなたが思っている以上に面接官はあなたの身だしなみに注目している**

2 就活で気をつけたい服装マナー

就活の服装について、いくつか気をつけておきたいポイントがあるので1つずつ学んでいきましょう。

● 就活生の服装のポイント

就活用の服装といえば、リクルートスーツ。たまに、会社説明会などで「平服でおこしください」と書かれていることがありますが、その場合でもリクルートスーツかジャケットを合わせたセミフォーマルが無難。間違っても、ジーンズで行かないようにしてください。たとえ、志望する勤務先が私服で働ける会社であっても、採用試験の期間中は、リクルートスーツを着用するのがマナーです。

● パンツタイプとスカートタイプがある

リクルートスーツには、パンツスーツとスカートタイプの2種類があります。どちらを選ぶにせよ、派手ではないことが大前提。また、丈が短すぎたり長すぎたりなど、ちぐはぐなのも、悪い印象を与えてしまいます。自分の体のサイズに合ったサイズを身につければ、自然と個性や魅力が表れます。

よれよれ、しわしわだったり、傷んでいたりするものは、あまり印象がよくありません。ポケットが出ているのはもってのほか。服を大切にしない人、という印象を与えてしまいます。

最後に、家で動物を飼っている人は、毛がついていないかもチェックすること。話題のきっかけにならないこともありませんが、犬猫アレルギーのある人が面接官にいるかもしれないので、十分に配慮してください。

就活生の服装

スーツ
色は、黒、グレー、紺系統にし、体に合った動きやすいサイズを選ぼう。

ネクタイ・リボンタイ
ワイシャツやブラウスとの相性で選ぶ。落ち着いた色のスーツなら、明るめのネクタイが好印象。

ワイシャツ・ブラウス
基本は白を選ぼう。

そで丈
短かすぎず、手首が隠れるくらい

ベルト

かばん
色は黒か茶系が基本。A4サイズの書類が入る機能的なものがよい。

髪型
顔がはっきり見えるように。すっきりとした髪型を心掛けて。

メイク
メイクをする場合は派手にし過ぎないのが基本。メンズファンデーションは白浮きしやすいので注意。

靴下・ストッキング
黒か茶系が無難。予備も用意しておくと安心。

そで丈

そでが短い状態　そでが長い状態

左の人は、上着のそでが短く、なかに着ているワイシャツのそでが見えすぎてしまっています。反対に、右の人は上着のそでが長く、なかのワイシャツのそでが隠れてしまっています。

そで丈のジャストサイズは、腕を下ろした状態で、ワイシャツのそでが1cmくらい見える長さです。

靴下

靴下の場合、派手な色やくるぶし丈の肌が見えるタイプはNG。また、黒い革靴に白い靴下を合わせているケースもよく見受けられますが、基本的に靴と靴下は同系色にしたほうが見栄えがよいです。

パンツ丈

パンツのすその長さは、パンプスのヒールに1cm程度かぶるくらいがベストです。

間違えがちなのがスカート丈。長すぎるとフィット感がなく、不格好な印象を与えてしまいます。

スカート丈は、まっすぐ立った状態で、膝が半分隠れるくらいの長さがきれいに見えます。

自分の体に合った大きさのリクルートスーツを選びましょう。

✓ **体にフィットするスーツを選ぶ。わからない場合は店員さんに相談しよう**

3 面接でのマナー

面接特有のマナーについて、入室から退室までの流れを理解しておきましょう。

● 入室から退室までの面接のマナー

面接の場面では、学生にとって慣れないビジネスマナーがいくつかあります。事前にどのようなマナーを覚えておく必要があるのか理解しておくことで、面接官から減点されずにすみます。まずは入室から退室までのマナーについて順に見ていきましょう。

① ドアは3回ノックする

ドアを3回ノックし、「どうぞ」や「お入りください」などの声がけがあったら、「失礼します」といってなかに入ります。入室したらゆっくりとドアを閉めましょう。このとき、ドアを後ろ手に閉めるのではなく、**体をドアのほうに向き直って閉めるようにするのがポイント**です。なお、ノックは2回ではなく必ず3回しましょう。

> 2回のノックはトイレを使用するときや空室確認などのノックといわれています。注意してください。

② 入室後、簡単なあいさつとお辞儀をする

入室したら用意された椅子の隣に立ち、簡単なあいさつとお辞儀をします。このときのあいさつは大学名と名前、最後に「よろしくお願いいたします」といえばOKです。このとき注意したいのが、「よ

ろしくお願いいたします」というのと、お辞儀の動作を同時に行わないことです。あいさつとお辞儀を同時にすると、相手の顔ではなく床に向かってあいさつしてしまうことになるので、**先にあいさつの言葉を述べてからお辞儀をしたほうがよい**のです。これは「語先後礼」や「分離礼」とも呼ばれており、よりきちんとした印象を相手に与えられます。

お辞儀の角度は3パターン

| 15° | 30° | 45° |
| 会釈 | 敬礼 | 最敬礼 |

また、お辞儀には3つのパターンがあり、角度によって意味が異なります。入退室の際のお辞儀は、45度に傾ける「最敬礼」がふさわしいといわれています。着席するときは15度の「会釈」で問題ありません。

③面接官に勧められてから椅子に座る

椅子に着席するとき、勝手に座るのはマナー違反です。**面接官に「どうぞ」と勧められてから着席しましょう**。着席を促されたら「失礼します」といい、軽くお辞儀をしてから座ります。かばんはこのタイミングで椅子の横に置き、椅子の背もたれには体を預けずに、浅めに座るようにします。

　座るときは、背もたれに寄りかかりすぎず、少し浅めに腰掛けましょう。脚や腕を組んだり、貧乏ゆすりをしたりすると、落ち着きのない印象を与えてしまいます。

④背筋を伸ばしたきれいな姿勢で座る

　面接官の印象に大きな影響を与えるのが姿勢です。最近の学生はパソコンやスマートフォンのしすぎもあってか、自然と猫背になっている人もたくさんいます。しかし猫背で座ると、面接官に暗い印象をもたれてしまうため、**座る際は背筋をしっかり伸ばし、明るくエネルギッシュな印象を相手に伝えましょう。**

　その際のポイントですが、立ったときにかかとからお尻、そして肩を壁に沿わせた姿勢が理想的です。その姿勢を維持したまま座ると、自然と自信にあふれた印象になりますし、自分自身もいつもよりハキハキと話すことができるはずです。事前に練習して身につけておきましょう。

⑤面接のときに重要な「アイコンタクト」

　受け答えの際に大切なのが**「アイコンタクト」**。人と話すときに

相手の顔を見るのは最低限の礼儀です。それは面接の際も同じで、目を合わせないまま会話をすると面接官に悪い印象をもたれてしまいます。ただ、緊張して目をそらしてしまいたくなる気持ちもわかりますので、その場合は、目をまっすぐ見つめるのではなくて、相手の口もとや鼻などのあたりをさりげなく見るとよいでしょう。

ほかにも面接官が話しているときに、**うなずく、相づちを打つなど、適度なリアクション**がとれるとより好ましいです。また、**言葉遣いや話し方**にも気をつけましょう。敬語や尊敬語を正しく使い、変に間延びした話し方や語尾に「〜っす」をつけるなど目上の人と話す際にふさわしくない言葉遣いは避けましょう。声が小さいと元気がなく、暗いイメージを与えてしまいますので、大きな声でハキハキと話すことを心がけてください。

⑥退室の際はお礼を忘れずに

面接が終わるときは、面接官から「本日の面接はこれで終わりです。ありがとうございました」などといわれます。そのような声がかかったら、まずは座ったまま「本日は貴重なお時間をいただき、どうもありがとうございました」と**お礼を伝え、軽くお辞儀をします**。その後、起立し「本日はありがとうございました」と**あらためて感謝の言葉を述べてお辞儀をし、出口に向かいます**。最後に出口の前で面接官のほうに向き直り、「失礼します」と告げて退室しましょう。ドアを閉めるときは大きな音を立てないように、ドアノブに手を添えて静かに閉めるよう心がけてください。

\まとめPOINT/

☑ **面接のマナーは多いので、事前に家でリハーサルをしてから臨もう**

4 就活で必要な電話マナー

ビジネスシーンにおいて必要不可欠な電話のマナーについて解説します。

●なぜ電話マナーが必要なのか

　多くの学生が苦手意識をもつ電話ですが、就活では電話でのコミュニケーションが必須です。なぜなら電話は、**短時間で要件をすませることができるだけでなく、相手の意思や感情を確認することができる**というメリットがあるからです。就活中に企業の人事担当者が予告なく電話連絡をしてきた際や、自分で企業に電話をして担当者に取り次いでもらう際などのために、電話マナーは必ず身につけるようにしましょう。

●折り返す際の電話マナーの基本

　ここからは押さえておきたい電話マナーのうち、よくある折り返し電話の基本について解説します。まず、メールではなく**電話をかけてくるということは基本的に急ぎの用件なので、すぐに折り返しましょう**。企業側からの電話の着信に対して、折り返さないと直ちに不合格になるわけではありませんが、印象は悪くなるので注意が必要です。ただし、「夜8時を過ぎている場合は翌日にかけ直す」など、折り返しの連絡をする前に次のようなことを確認しておいたほうがよいでしょう。

■留守番電話の録音内容を確認する

　着信があってもすぐに折り返さず、まずは留守番電話の録音がな

いか確認しましょう。**録音があった場合は内容をメモし、必ず答え
を用意したうえで電話を折り返しましょう**。録音の内容も確認せず
に連絡してしまうと、担当者に「仕事ができないのでは」といった
イメージをもたれてしまう可能性もあります。

■時間帯や曜日を考える

　始業直後の9〜10時、お昼休憩の12〜13時、終業前の17〜18時
は電話に出られない時間帯であることが多いため、緊急でない限り
避けるようにしましょう。また、**平日に入った電話に対して土日や
祝日に折り返すのはマナー違反**です。ただし、土日や祝日に電話が
かかってきた場合は、相手は仕事中なのですぐに折り
返してかまいません。

■電波や充電残量をチェックする

　かけるときに電波状態がよくても、移動したりエレベーターに
入ったりすると一気に電波状況が悪くなる場合があるので注意が必
要です。また、**充電残量を確認しておくことも大切**です。緊急時に
電池が切れないように、電池式充電器は常にもち歩きましょう。

■電話をする場所を考える

　相手の話が聞き取りにくくなったり、自分の声が伝わりにくく
なったりしないよう、人混みや交通量の多い場所は避け、**ビルのな
かや静かな公園などから電話を折り返す**ようにしましょう。

■メモ帳とスケジュール帳を準備する

　電話をする前に筆記用具やメモ用紙、スケジュー
ル帳を手もとに置き、**自分の予定を見られる状態に
しておきましょう**。スケジュールはスマートフォン
でも記録できますが、企業訪問や説明会の場で相手

の目の前で携帯電話を操作しながら予定を記録するのは失礼にあたるので、スケジュール帳を用意するのは必須です。

●通話の流れを確認する

電話をかける際は、以下の例文のように進めていくと相手にスムーズに内容が伝わります。

①まずあいさつをし、自分のことを名乗る

「こんにちは。○○大学○○学部の△△と申します」
電話は声だけのコミュニケーションなので、明るくハキハキと話すことで第一印象がよくなります。

②相手を呼び出す

相手がわかっている場合
「○○部の△△様はいらっしゃいますか？」と呼び出します。
相手がわかっていない場合
「採用活動のご担当の方はいらっしゃいますか？」と呼び出します。

③相手が出たら再び名乗る

「こんにちは。○○大学○○学部の△△と申します」
担当者へ電話をつなぐ際に、氏名まで伝えてくれていない場合もあるので、あらためてハキハキと名乗りましょう。

④用件を聞く（話す）

相手からかかってきた電話に折り返す場合は、採用担当者側が用件を話してくれることが多いです。こちらから話を切り出す際は、結論から端的に話しましょう。なお、用件の内容は聞きもらさないように必ずメモをとり、用件を聞き終わったら「いつ、どこで、何を」を復唱すると、できる就活生という印象を相手に与えられます。

⑤お礼をいう

「本日はありがとうございました。今後ともよろしくお願いいたします」と心を込めて丁寧に締めくくることで、志望度の強さも伝えられます。

⑥電話を切る

電話を切る際は音を立てないように静かに切りましょう。特に固定電話の場合は受話器をガチャッと置くと嫌な印象が相手に残るので、必ずフックを手で押して切るようにしましょう。

●電話の対応時、こんなときはどうする？

電話をかけても相手が出ない場合は**留守番電話の録音に簡潔にメッセージを残しましょう**。その際に、相手が出ないからといってしつこくかけるのはやめましょう。特に携帯電話には着信履歴が残るので、一度かけ直して相手が出なかった場合はしばらく待ちましょう。

反対に、相手からかかってきた電話に出られずに折り返した場合は、「先ほどはお電話に出られず申し訳ありません」というあいさつから始めるとよいでしょう。また携帯電話は電波状況が不安定なので通話が切れてしまうことがありますが、その際は**電波状況を再確認してすぐに折り返すことが大切**です。「申し訳ありません。電話が切れてしまって」とまずはこちらからお詫びをすると謙虚な言動が好印象を生み、やりとりが前に進みます。

まとめPOINT

✓ **事前に練習をしてキッチリと電話対応ができるように備えよう**

5 就活で必要なメールマナー

電話以外の場面で多く使うことになるメールの書き方のポイントを押さえましょう。

●メールを送る際に気をつけたいポイント

就活時において、**メールは電話と同様に欠かせない連絡手段**です。学生のときとは異なり、ビジネスで求められるルールやマナーに沿ってメールを書く必要があります。その書き方をマスターするために、まずはポイントをつかんでいきましょう。

①メールを確認したら24時間以内に返信

メールを確認したら、**遅くとも「24時間以内」には返信**しましょう。もし、日程調整などが必要ですぐに返信できない場合でも「●日までにはご返信します」といった「取り急ぎの返信」を先に入れることが大事です。返信する時間帯は、応募企業の就業時間内に送信するのがベター。メールの確認が深夜になってしまった場合は時間を指定して送信する「予約機能」などを使って、翌日の午前中に返信するとよいでしょう。

②件名は「用件、名前、Re残し」

メールを受信して、最初に目に留まるのが件名。件名欄に「用件、名前」が書かれていると、「なんのための」「誰からの」連絡なのかということが把握しやすくなり、相手から好印象をもたれます。また、先方からのメールに返信する際は、**件名の「Re」を「残したまま」返信**をしましょう。これは件名を変えてしまうと過去の履歴

をさかのぼりづらくなってしまうからです。

③本文は「宛先、あいさつ、内容、締め、署名」を記載

メール本文の基本的な構成は **「宛先、あいさつ、内容、締め、署名」** です。これらの要素は、定型文をアレンジするだけでよいので、さまざまな場面で対応が可能です。1つずつ見ていきましょう。

宛先

「株式会社」などの法人格は略さず企業の正式名称を記載し、部署名、担当者の氏名を続けます。部署名や担当者名がわからない場合は、氏名の代わりに「採用ご担当者様」としておきましょう。

あいさつ

書き出しは「お世話になっております」が基本ですが、初回のみ「お世話になります」とします。その後に自身の名前を名乗りましょう。選考の段階に応じて、「貴社新卒採用に応募しております●●（氏名）です」「◆日に一次面接していただきました●●（氏名）です」など、つけ足してもよいでしょう。

内容

改行や段落分けをうまく利用し、わかりやすく、謙虚ないい回しを心がけましょう。

締め

「ご多用の折恐れ入りますが、何とぞよろしくお願い申し上げます」など、相手が忙しいなかメールを読んでくれたことへの感謝が伝わる言葉とともに締めるとよいでしょう。

名前、住所、電話番号、メールアドレスを記載します。本文との区切りをわかりやすくするために「-」「＝」などの記号を使い、シンプルな線を入れるとよいでしょう。なお、先方からのメールに返信するときは以前のやりとりが本文内に残ると思いますが、これは残したままでOK。相手が過去のメールを確認する可能性があるからです。

以上がメールの基本マナーです。以下に、「面接日程調整」「面接結果の問い合わせ」など、シチュエーションに合わせた返信例文をいくつか紹介していきますので、ぜひ参考にしてください。

【面接日程調整メール例文（こちらから候補日を送る場合）】

件名：先方のメール件名を変えずに返信
××株式会社
人事部　鈴木太郎様

お世話になっております。
山田花子と申します。

書類選考通過のご連絡、誠にありがとうございます。
面接の希望日程をお送りいたします。
下記の日程であれば、おうかがいすることが可能ですので、
ご調整いただけますと幸いです。

【1】5月20日（月）12：00〜20：00
【2】5月21日（火）13：00〜20：00
【3】5月22日（水）10：00〜15：00

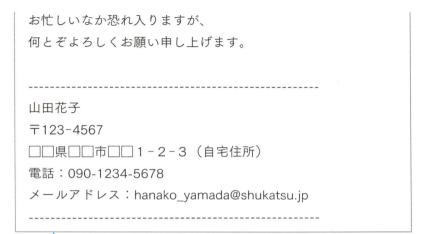

お忙しいなか恐れ入りますが、
何とぞよろしくお願い申し上げます。

山田花子
〒123-4567
□□県□□市□□１-２-３（自宅住所）
電話：090-1234-5678
メールアドレス：hanako_yamada@shukatsu.jp

メール返信のここがポイント！
・希望する日程を少なくとも3つ以上挙げる
・実際の面接時間を見込んで、終了時間を設定する

【面接後のお礼メール例文】

件名：採用面接のお礼（山田花子）
××株式会社
人事部　鈴木太郎様

お世話になっております。
本日15時より面接をしていただきました、山田花子と申します。

本日はお忙しいなか、面接の機会をいただきまして
誠にありがとうございました。
鈴木様のお話をうかがい、貴社の質の高いサービスや社員満足
度、活躍するための必要なスキルについて理解を深めることが
でき、貴社で仕事をしたいという思いが一層強くなりました。

まずは、面接のお礼を申し上げたく、メールいたしました。
末筆ながら貴社のますますのご発展と鈴木様のご活躍をお祈り
申し上げます。

山田花子
〒123-4567
□□県□□市□□1-2-3（自宅住所）
電話：090-1234-5678
メールアドレス：hanako_yamada@shukatsu.jp

メール返信のここがポイント！
・すぐに採用結果が決まることもあるので、なるべく早く送る（遅くとも面接翌日まで）
・採用担当者が面接で話した内容を具体的に盛り込む

【面接の結果連絡が届かず、問い合わせする場合のメール例文】

件名：6月20日の面接結果につきまして（山田花子）
××株式会社
人事部　鈴木太郎様

お世話になっております。
6月20日11時より採用面接をしていただきました、山田花子
と申します。

先日はお忙しいなか、面接のお時間を賜りまして誠にありがと
うございました。

恐れ入りますが、面接の結果はいつまでにお知らせいただけますか？
目安だけでも教えていただけますと幸いです。

お手数をおかけし恐縮ですが、
ご確認の程、何とぞよろしくお願い申し上げます。

山田花子
〒123-4567
□□県□□市□□1-2-3（自宅住所）
電話：090-1234-5678
メールアドレス：hanako_yamada@shukatsu.jp

メール返信のここがポイント！
・送る前にメール受信フォルダ（迷惑メール含む）、着信履歴などチェックし、
　本当に結果連絡が届いていないか確認する
・はじめに面接のお礼を述べる

\まとめPOINT/

✓ ビジネスメールの使い方を理解し、「きちんとできているな」と思われるメールを打とう

6 内定を辞退する方法

内定を辞退する場合は、押さえておくべきルールやマナーがあります。断るときの方法を知っておきましょう。

●内定辞退は「電話」で「早く」伝えることがポイント

　内定辞退の連絡が気まずいという理由で辞退の連絡をせずに放置したり、先方からの連絡を無視したりする学生がいますが、これは内定辞退以上に迷惑がかかる行為です。内定辞退率は28.2%（「就職みらい研究所」／株式会社リクルート 2021年調べ）と毎年一定数の学生が辞退をするため、**内定辞退そのものは採用担当側もある程度想定のうえで採用計画を立てています**。尻込みせずに、誠実な気持ちをもってお詫びを述べるようにしましょう。

　内定を辞退することに決めた場合は、できる限りすぐに電話で伝えるようにしましょう。具体的には、「大変申し上げにくいのですが、検討した結果、内定を辞退させていただきたくご連絡しました。御社には大変ご迷惑をおかけしてしまい、誠に申し訳ございません」と内定を辞退することを明確に伝えてください。また、内定辞退の電話をかけたものの、先方が多忙でなかなか連絡がとれないような場合はメールで伝えるようにしましょう。

●内定辞退をする理由を聞かれたときの答え方

　内定辞退をした場合、すんなりと承諾を得られる場合もありますが、企業によっては内定辞退をする理由を聞かれる場合があります。その際に「A社のほうが御社よりも給料が高いから」「A社のほうが大手だから」のように、**優劣をつけたり、先方に不快感を与え**

るような理由をいうのは避けましょう。

適切な回答としては、①他社から内定をもらった、②希望の職種から内定をもらった、③志望業界が変わった、のいずれかがよいでしょう。この際、入社を決めた具体的な会社名はいわないのがベスト。特に同業他社の場合は、いずれ取引先になる可能性もあるため伏せておきましょう。先方から「どこの会社に行くのですか?」と聞かれた場合も、「申し訳ございませんが、お答えすることができません」とはっきりと伝えることが大切です。

● 連絡後に呼び出しをされた場合は行くのがオススメ

電話やメールで内定辞退をすれば、基本的にはそこで内定辞退が成立する場合が多いので、呼び出しをされることはほとんどありません。しかし、万が一呼び出しをされた場合は、**選考に時間を割いていただいた礼儀として、企業へ出向きましょう。**

呼び出しの理由はさまざまですが、企業にとってあなたがどうしてもほしい人材の場合、呼び出しをされ「考え直してくれないか」と説得されることがあります。これは、なんとしても獲得したい人材であると評価されていることであり、たとえば、「●●部署を希望しているのですが、入社後に●●部署に配属していただくことは可能でしょうか?」のように、入社後の自分の希望を伝えてみると、意見が通りやすくなるかもしれません。「そこまで高く評価してくれているのなら」と辞退を撤回しても問題ありませんし、評価はありがたく受けながらも、辞退の意思は固いことを伝え、丁重に断りを入れることも可能です。

\まとめPOINT/

✓ 将来の取引先になる場合もあるので、失礼のないように断ろう

7 SNSの使い方を見直そう

応募者のSNSをチェックする企業が増えてきています。SNSへの投稿で評価を落とさないようにしましょう。

●個人のSNSを企業が見る理由

面接ではわからない応募者の普段の生活スタイルや考え方などを参考にしたいという理由から、企業側が就活生のSNSを確認することが増えているようです。すべての企業がSNSの確認を行っているわけではありませんが、**チェックされる場合もあるということは念頭に置いておきましょう**。見られては困るようなことは、投稿しないようにしましょう。

●SNSが原因で不採用になってしまう場合

就活生のSNSの確認は、その人の人となりを知るために行われることが多いですが、内容次第では、不採用や内定取り消しというケースもないわけではありません。具体的にどのような内容だと不採用になってしまうのか、3つのケースをご紹介します。

①モラルに欠ける投稿をしていた

友達同士なら問題のない投稿でも、企業の応募者として適切であるかをもう一度確認しておきましょう。過度な飲酒やタバコ、ギャンブルなどの話題にも注意が必要です。

②愚痴や悪口が多い

Twitterで就職活動に関する愚痴や、企業に対しての悪口などを

書き込むと、見られた場合に印象を悪くしてしまいます。書き込むことでストレスを発散させているという人もいるかもしれませんが、SNSに投稿するのは控えましょう。

③選考に関する不誠実な言動があった

就活の裏話として、「実は誰かの文章をマネして書いた」「ボランティア活動をしていないのにしていると答えた」などの発言は、企業に対してとても不誠実です。ウソだとわかってしまうだけでなく信頼できない人物だと思われ、不採用になる可能性が高くなります。

●SNSチェックの対策

取り扱いの難しいSNSですが、**最もチェックされやすいのがFacebook**です。Facebookは実名で登録している人が多いため、比較的すぐに個人を特定することが可能です。投稿を企業に見られたくない場合には、削除するか、もしくは公開範囲を変更するようにしておきましょう。TwitterやInstagramの場合は鍵をかけておくなど対策をとりましょう。

しかし、今後社会人として働くうえで重要なことは、見られたくない投稿を隠すことではなく、見られて困るような投稿は発信しないようにすることです。社会人として働くことになれば、「個人としてのあなた」だけではなく、「●●社のあなた」として見られるようになります。普段の実生活ではもちろんのこと、SNS上でも適切な行動を心がけるようにしましょう。

\まとめPOINT/

✓ **就活を始めてから入社するまではSNSは封印するくらいの気持ちでいよう**

入室3秒で
合否が決まる場合も

面接室に入ってからの第一印象は
意外に重要であることが多いため、その対策について
日頃から考えておくとよいでしょう。

- -

　面接官を長年していてわかったことがあります。それは、入室3秒で感じた第一印象に基づく合否の判断は、大抵正しいということです。最初の3秒の判断は、その後15分面接をしても30分かけても、ほとんど変わりません。面接官として多くの学生に会えば会うほど、そして採用した就活生の「入社後の働きぶり」のデータが溜まれば溜まるほど、その判断の精度は高まっていきます。ですので、就活をするときはくれぐれも第一印象には気をつけてください。

　この最初の3秒の印象を高める方法は2つあります。

　1つめは、背筋をピンと伸ばして自信があるように振る舞うことです。予想以上に多くの学生は、背筋が曲がっており、いかにも自信なさそうに面接室に入ってきます。緊張しているのはわかるのですが、相手の威圧に負けない自信をもちましょう。

　2つめは、ハキハキとした大きな声で話すことです。緊張してしまうとついつい小さい声になってしまいますが、それを押し切って大きな声で発言するようにしましょう。これだけで第一印象が格段によくなります。あとはそれを維持することを意識しましょう。

8

集団面接・グループ
ディスカッションを攻略しよう

書類選考が無事通過したら、
次はいよいよ面接です。グループ面接では、
ついまわりの人と自分を比べて
しまいがちですが、自分がどのような人間なのか
アピールできる絶好の機会ですので、
堂々と面接に臨みましょう。

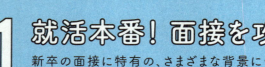

1 就活本番！面接を攻略しよう

新卒の面接に特有の、さまざまな背景について、押さえておきましょう。

●なぜ面接があるのか？　3つの理由

そもそも、なぜ企業はESや筆記試験である程度の能力を見ているにもかかわらず、面接を設定するのでしょうか。その答えは、以下の3つです。

①書類やテストだけではわからない**コミュニケーション能力**について見たいため
②社会人としての**基本的なマナー**を見たいため
③一緒に仕事をする仲間として**受け入れられるかどうか**を見たいため

●書類やテストだけでは判断できないこと

これは、みなさんが所属しているサークルや同好会の新勧活動に置き換えて考えてみるとわかりやすいと思います。みなさんはどんな後輩がほしいでしょうか。元気で、やる気があって、人柄がよくて、サークルの文化と相性がよくて、なおかつ将来サークルを引っ張っていってくれそうな人物でしょう。しかし、そのことを**書類やテストだけで判断できるかというと、それは難しい**といえます。それゆえに、面接が行われるのです。

●就活の面接がほかの面接とは違う点

面接に関しては、アルバイトなどで経験をしたことがあると思いますが、就活の面接はそれらとは異なります。アルバイトの面接で主に見ているのは作業ができるかどうかという点ですが、**新卒採用の面接で見ているのは、自社の将来を託すにふさわしい人材かどうか**です。この点を理解せずに面接に臨んでしまうと、内定は出ませんので注意してください。

●インターンシップと本選考の面接も違うので注意

もう１つ注意しておきたい点が、インターンシップの面接と本番の面接は違うということです。例年、企業の夏のインターンシップに合格した人が、そのことに安心してしまい、同じ企業の本選考で落ちるということがよく起こっています。実はインターンシップと本選考では選考基準が違い、本選考のほうが基準は高いのです。これは、インターンシップでは企業としてはできるだけ多くの学生に自社を知ってもらうことが目的であるのに対して、**本選考は優秀な人材や自社の将来を託すにふさわしい人材をそこから選別**することが目的だからです。そのため、選考基準が違うのです。

インターンシップでは、企業も学生もお互いの好き嫌いや合う合わないを仕事を体験することで判断しますが、本選考では、長期的な（場合によっては一生涯の）関係を見越してさまざまな条件を気にするため、ハードルが高くなりがちです。

\まとめ POINT /

☑ **自社の将来を託す人を見極めるのが就活の面接である**

2 面接で担当者が見るポイント

就活の面接では形式によって担当者が見ているポイントが異なる点を理解しましょう。

●面接の3つの形式

面接には3つの形式があり、それぞれの面接形式で見ているポイントが異なります。

集団面接（グループ面接）	マナーとコミュニケーション、明るさなど
グループディスカッション	地頭、協調性、集団内でのコミュニケーションや調整能力など
個人面接	人柄と熱意、頼もしさ、論理的思考力など

なお、**個人面接でも、一次、二次、三次など面接の次数ごとに担当者が見ているポイントは異なります**が、それについてはPART 9で詳しく解説していきます。

●基本的には「NHK」で対応する

面接ごとにポイントが異なると、何が正解かわからなくなってしまうことがあると思います。そんなとき、覚えておいてほしいのが、「NHK」です。これは日本放送協会のことではなく、**「ニコニコ、ハキハキ、キビキビ」**の略です。

164ページのサークルの新勧活動の例を思い出してみてください。サークルの仲間になるのであれば、元気で熱意があって好印象な新入生に入ってほしいものです。新入生が好印象なら、「翌年の

新勧活動を任せよう」「サークルのパンフレットに掲載したい」などと考えるかと思います。企業でもその原理は変わりません。**迷ったらまずは「NHK」で対応**しましょう。

●ウソをついてしまってもOK？

　加えて、もう１つ担当者が目を光らせているポイントがあります。それは就活生のウソです。面接で就活生は企業が求めている人物像に沿うエピソードをアピールします。そしてこのとき、多くの就活生が陥りがちなのが、エピソードをでっち上げることなのです。特に集団面接の場面では、周囲の就活生に気後れしまいと、ウソをついてしまう人がいます。しかし、採用担当者は至極冷静に事実確認をしていきます。「なぜそれをやろうと思ったのか」「具体的にいつから始めたのか」「どのように実行したのか」「そのなかで苦労したことは何か」など、詳細な内容を聞いていくのです。そうすると、ほとんどの場合で話の辻褄が合わなくなってしまい、最終的にウソがバレてしまうのです。**多くの就活生を毎年担当している面接官には、就活生が話すときの目の動きや体の仕草からもウソかどうかはすぐにわかります。**くれぐれもウソをつくことはせずに選考に臨みましょう。

「学生時代は○○のリーダーをしていました」ならまだましなほうで、「インドで学校をつくるボランティアをしました」など、眉唾もののエピソードも飛び交います。

＼まとめPOINT／

✓ 「NHK」で対応する、ウソをつかないなど、基本的なポイントを押さえよう

3 集団面接の基本

集団面接（グループ面接）の基本的な流れを押さえておきましょう。

● 集団面接の特徴と流れ

　集団面接（グループ面接）は、複数の就活生が同じタイミングで面接室に入り、そこで一人ひとりに質問がなされる形式の面接です。企業側は、**同時に複数の就活生の面接を行えるため、効率よく選考活動を進められる**というメリットがあり、応募の多い大企業でこの形式がよく採用されています。

　就活生からすると、「自分がしようと思っていたアピールとまったく同じことを隣の人に先にされてしまって焦った」という場合もあることから、**個人面接に比べて集団面接には運要素がある**という認識がされています。

　手順は、**入室→あいさつ→着席→面接→退室**のプロセスで進んでいきます。それぞれの場面における注意点を見ていきましょう。

入室について

　入室の際によく間違えがちなのがノックの回数です。基本的にノックは3回するものですが、多くの学生が2回のノックをしてしまいます。きちんと3回行いましょう。そして、ノック後に「失礼します」と大きな声でいってから入室します。自分が先頭ではない場合にも、前の人が入室したあとに同じようにして入室しましょう。このときの声で第一印象が決まることが多いので、「NHK」（P.166）を意識して発声しましょう。

あいさつについて

入室後、着席までの間で「名前を聞いてもいいですか？」と聞かれたら、「〇〇大学●学部から参りました、▽▽です。本日はよろしくお願いいたします」と大きな声で答えましょう。もし聞かれなかった場合は、相手からの着席の指示を待ちます。

着席について

相手から「お座りください」という指示が出たら、「失礼します」といって、背筋をきちんと伸ばして座りましょう。着席したら、背もたれに寄りかからず、浅めに腰掛け、面接官の目（顔）を正面から見ます。

回答について

相手から聞かれた質問に対して、「NHK」を意識し、結論から端的に答えていきましょう。身振り手振りを加えて話しても大丈夫です。

退室について

「では、退室をお願いいたします」といわれたら、「本日はありがとうございました」と大きな声であいさつし、退室しましょう。その際は、後ろ手でドアを閉めないようにしましょう。

●集団面接で聞かれること

　集団面接で聞かれるのは、主に次のようなことです。

①学生時代に頑張ったこと（ガクチカ）

　「学生時代に頑張ったこと」は特に聞かれます。「なぜそれをやろうと思ったのか」「取り組むなかでの苦労とその乗り越え方」「そこから得た教訓」などといったことが聞かれますので、**相手にわかりやすく伝えていくことが重要**です。理系の学生の場合は研究の話などを伝えると思いますが、面接官には文系出身者も多いので、文系の人でもわかりやすい用語を用いて伝えましょう。

②今の大学及び学部に入ろうと思った理由

　大学に入った動機を知ることで、**高校時代のパーソナリティを探ることが目的**です。「そのパーソナリティが大学時代にどう変わったのか」「それが志望する職業にどういった影響を及ぼしたのか」を探ろうとしています。

③ESに書かれていることの深掘り

　主には「学生時代に頑張ったこと」について具体的に聞かれます。

④自己PRとその根拠についての深掘り

　自分の**強みや弱みについての質問もここでなされます**。強みであれば「それがどういった経緯で形成されて、どういった局面で発揮されたか」「その強みは今後の仕事のなかでどう活かせるか」を聞かれます。逆に弱みであれば、「その弱みゆえに失敗したエピソード」や「今後はどのように克服していくつもりなのか」を聞かれます。

⑤志望動機

　志望動機を聞かない会社も多いですが、最初の自己紹介とセット

で聞かれる場合もありますので、きちんと準備しておきましょう。主には**職業理念を回答する**ことになります。

●**どのくらいの長さ**で回答すればいい？

例年、就活生から「どれくらいの長さで回答すればいいのか？」という質問を多く受けます。大体ですが、**文章で2文くらいの長さ**がちょうどよいといえます。具体的には、「結論＋根拠」ないしは、「結論＋きっかけ」などの形にするということです。

> **質問** 学生時代に力を入れたことはなんですか？
> **回答** カフェでのアルバイトで接客力の向上に努めました。もともと大学に入ったら社会勉強になるアルバイトがしたいと考えていたので、基礎から研修を受けられるカフェのアルバイトに応募したのがきっかけです。

一方で、ダメな例は、自分がつくったESの内容をすべて読み上げてしまうことです。面接官からすれば、興味があることだけを聞きたいわけですから、興味のない話をダラダラとされてもおもしろくありません。そうすると、「この学生はコミュニケーション能力が低い」と判断されてしまいますので、注意してください。本来、コミュニケーションの基本は会話のキャッチボールにあり、**キャッチボールではできるだけ多くのボールをやりとりしたほうが楽しい**はずです。面接でもこれは同じなので、たくさんやりとりをすることを心がけてみてください。

\まとめPOINT/

✓ **集団面接の流れを把握し、しっかりと自分自身をアピールできるようにしよう**

4 集団面接の対策と評価ポイント

集団面接（グループ面接）時に評価されるポイントを押さえて、対策を万全にしましょう。

●印象面での評価

　集団面接（グループ面接）の評点を10点満点とした場合、**印象が5点、コミュニケーション能力が4点、そして話の内容が1点**といった内訳になるでしょうか。というのも、この段階では、相手とそこまで話をしたことがない状況のため、どうしても外見の評価が大きくなってしまい、その結果、印象で判断される割合が高くなるのです。そして**印象はおおむね、ビジネスマナーと身だしなみで決まります**。まず、ビジネスマナーに関してですが、集団面接でポイントとなるのは次の3つです。

①敬語を正しく使えているか

　「承知いたしました」「1つうかがってもよろしいでしょうか」「さようでございます」といった**敬語を正しく使いこなすことができるだけで、マナーがしっかりしている**学生であるとみなされ、高評価につながります。多くの学生が応対の際に「えっと」「まあ」「って感じで」などの「タメ口」を使ってしまいますので、注意しましょう。

②お辞儀を正しくできるか

　お辞儀の際は、**分離礼とお辞儀の角度が重要**です。分離礼とは、お礼や謝罪を述べてから、頭を下げる動作をいいます。多くの学生

があいさつをしながらお辞儀をしてしまいますが、あまり印象はよくありません。また、お辞儀の角度には、会釈、敬礼、最敬礼の3つがあり、それぞれ15度、30度、45度となっています。(P.145)

③身だしなみに清潔感はあるか

第一印象は身だしなみで決まります。身だしなみがだらしない人は印象がよくありません。髪に寝癖があったり、メガネが汚れていたり、肩にフケがあったり、ストッキングが破れていたり、靴が磨かれていなかったり、ネクタイが曲がっていたりすると、どうしても清潔感はもたれづらいものです。特に集団面接では比較されやすいので、**身だしなみを徹底して**ください。

●コミュニケーション面での評価

コミュニケーション能力は身だしなみの次に重要な要素です。一緒に仕事をしていく仲間ですから、**お互いに配慮をしながら気持ちよく仕事をしたいもの**です。集団面接では、周囲にほかの学生がいる分、そういった**対人配慮や協調性**が問われます。ここでのポイントは次の4つです。

①あいさつ

大きな声で「本日はよろしくお願いいたします」「失礼いたします」「〇〇大学から参りました田中です。今日は貴重なお時間を割いていただき、ありがとうございます」といったあいさつができれば、それだけで評価されます。**礼儀正しい人間のほうが一緒に働きたい**と思われるのは当然ですから、あいさつは重要です。

②対人配慮

集団面接では、ほかの学生が話しているときにその学生のほうをきちんと向き、**聞いている姿勢を見せることが重要**です。周囲への

配慮ができる人間だと思われますし、共感力や気配りなどの点で高評価を得られます。

③説得力（論理性）

　相手から聞かれたことに対して、**結論から話し、そのあとに根拠を話す**といった形で、順序立てて答えていければ相手に説得力や論理性が伝わるため、「この人に仕事を任せてもきちんとやってくれそうだな」と相手は判断するものです。ここがあやふやだと、面接官は納得できず、さらに掘り下げた質問をされてしまいますので注意しましょう。

④人間性

　人間性で見られているのは次の２つです。

> **謙虚さ**
>
> これまでのあなたの人生は、すべてにおいて周囲の人のおかげで成り立ってきているわけです。そういった周囲への配慮や感謝の念があれば、自然と謙虚さが言葉からにじみ出ます。**謙虚な人間は好感をもたれる**ものです。正しい敬語を用いて相手への敬意や謙虚な姿勢を表しましょう。

> **素直さ**
>
> 相手から指摘やアドバイスがあったときに反論をするのではなく、**「おっしゃるとおりです」「勉強になります」といいながらメモをする**と、「この学生はアドバイスのしがいがあるな」「伸び代がありそうだ」という印象になります。逆に、我が強く意固地になってしまうと相手に悪印象を与えてしまうので注意してください。

●内容面での評価

　内容面は全体のうち1割程度しか評価されないといわれています。それは集団面接では、**内容にまで言及するほどの時間がない**からです。ここで見られているのは次の3つです。

①「学生時代に力を入れたこと」の完成度

　「学生時代に力を入れたこと」において、「苦労したこと」と「それに対して行った努力」が正しく対応していないと、その部分を面接官に突つかれてしまいます。今一度、見直しておきましょう。

②会社や職種についての理解

　会社や職種についての理解ができていないと、的外れな志望理由を述べることになってしまい、相手には「この人はきちんと調べてないな」という印象をもたれてしまいます。特に、**自分の強みがその会社の職務でどのように活かせるのか**については、きちんと語れるようにしてください。

③志望理由と本人の過去との整合性

　これまでのあなたの過去と、その会社を志望する理由があまりにもかけ離れている場合、そのことについて面接官に追及される可能性が高いです。自己分析をしっかり行い、**きちんとした志望理由を話せる**ようにしましょう。

まとめPOINT

✓ **集団面接は時間がないがゆえに、印象とコミュニケーション力が重視される**

5 グループディスカッションの基本

グループディスカッションの形式や基本的な攻略法について解説します。

● グループディスカッションとは

グループディスカッションは、**与えられたお題についてグループで議論し、回答を出す選考方式**です。就活生の間では「グルディス」や「GD」といった略語がよく使われています。

そもそも、企業がこの選考方式を活用する理由は、集団のなかでの就活生の振る舞いを見たいからです。また、副次的な目的として、たくさんの候補者を一度に比べることができるため、企業にとっては効率のよい採用手法だから、ということもあります。

多くの場合、4〜6人で行いますが、場合によっては8人ほどで議論をすることもあります。グループディスカッションの出題形式は**「自由討論形式」「グループワーク形式」「ディベート形式」**の3種類です。

自由討論形式

自由討論形式では、次のような前提に定義づけを必要とする抽象的なテーマが出題されます。

- ・よい社会人とは
- ・理想の上司とは
- ・新入社員に求められる能力とは

この場合、そもそも答えが画一的ではないものが出題されるため、背景や議論の全体についてきちんと定義してから話し出せているかどうかが重要となります。答えがないからこそ、**議論に対して積極的に関与する就活生の姿勢そのもの**を採用担当者は見ています。

グループワーク形式

グループワーク形式は、事例をもとに議論をする形式です。この形式には３つのタイプがあります。

①課題解決型

課題解決型では、次のようなテーマが出題されます。

> ・売上を上げるためにスマートフォンの新機能を提案せよ
> ・当社の売上を１年間で２倍にする施策を提案せよ
> ・自社商品の売上を上げるためのキャンペーンを考えよ

この問題への回答として大切なのは「定義づけ→現状分析→理想像の決定→アイデア出し」という流れを意識して進めることです。いきなりキャンペーンを考えたところで、それが本当に妥当なのかどうか根拠がなければ意味がありません。

②資料読み取り型

資料読み取り型の形式では、「過去20年分の市場のデータと自社の状況を考慮した場合、A社を買収するべきか否かを決定する」などのテーマが出ます。インターンシップを活用して３日間などの長丁場で行うこともあります。このタイプの問題は、「前提確認→現状分析→原因特定→アイデア出し→アイデア吟味→結論」というフローで進めましょう。資料、または資料から類推されうることをベースとした意見が求められるため、図や表などを活用して資料から読み取ったことを整理すると好印象です。

フェルミ推定とは、調査しないとわからないような数量を、論理的に概算することです。コンサルティング会社などのケース面接でよく扱われます。たとえば、次のようなテーマが出題されます。

- 日本の学校の数を予想せよ
- 今この瞬間、世界で食事をしている人数はどれくらいか
- 東京都内にいるピアノ調律師の人数はどれくらいか

推定問題では、上手に要素を分解して対処していくことが必要です。たとえば、日本の学校の数は「単位面積当たりの学校数×単位面積」に分解できます。こういった要素分解から議論を展開していくことが重要です。論理的思考力を適切に駆使して、グループで協力して取り組んでいくようにしましょう。

ディベート形式

　ディベート形式では、以下のようなテーマに対して、どちらかの立場に立って議論を展開していきます。

- 持ち家と借家、どちらがいいか
- 就活でリクルートスーツを着るのに賛成か反対か
- 働くのに必要なのはお金か、やりがいか

　それぞれの立場のメリットとデメリットを考慮したうえで落としどころを探っていったり、**双方の立場を超えた新しい解決策を見つけたりすると高評価**につながります。論理性を意識しながらも、相手の話すことに対して協調的に取り組んでいくという、非常に難しいかじ取りが要求されます。しかし、それができる人はコミュニケーション力が高いとされるため、面接に通過しやすくなります。

最後に、１つの結果を選択する形式「インバスケット方式」を紹介しておきましょう。

> 「あなたたちは夏の山で遭難しました。ザックのなかに入っている次のものに優先順位をつけなさい」
> a. 食料　b. 水　c. 方位磁石　d. ウィンドブレーカー　e. 地図

　このように、**与えられた選択肢に対して優先順位をつけたり、最も重要なものを１つ選んだりするような形式をインバスケット方式といいます**。もちろん、このお題にも「正解」はありません。就活生たちが、どういった背景や論理性をもって選択するのかという、プロセスを見ているわけです。

● どのように練習すればいい?

　グループディスカッションを乗り切るには、**とにかく場数をこなす**ことです。そこで提案したいのが、**友人と模擬グループディスカッションをやってみる**ことです。たとえば、先ほどの「売上を上げるためにスマートフォンの新機能を提案せよ」というお題について、制限時間20分で友人４人と考えてみましょう。学生同士ではあっても、さまざまな意見が出てよい練習になると思います。これ以外にも、長期のインターンシップに参加してそこで社員とディスカッションをするなどの方法もあります。議論や話し合いをする機会が多い環境に身を置いておくと、自然とアイデア出しや意思決定の仕方がうまくなるので、機会を逃さないことが重要です。

\まとめPOINT/

✓ 出題パターンを理解し、事前に練習することでグループディスカッションは乗り切れる

グループディスカッションの役割と適性を知ろう

グループディスカッションにおける役割を理解し、自分に
合った貢献方法を知りましょう。

●グループディスカッションの役割分担

グループディスカッションでは、円滑な進行のために学生同士で
役割分担をすることが多いです。限られた時間のなかでよい結論
（成果）を出すために役割を決めるのですが、**自分に合っている役割
とそうでない役割があるのも事実**です。

まずは成果に対してどういった役割がどのように貢献できるのか
を見てみましょう。

役割	仕事内容	成果への貢献が見られる場合	成果への貢献が見られない場合
司会進行・リーダー	議論の口火を切り、議論をリードする	周囲を正しくリードしている	間違ったリードをしている
タイムキーパー	時間を測る	時間を考慮しながら議論をリードしている	ただ時間を計っているだけ
書記	議論を書き写し、ヒントを与える	図を用いた切り口の提示や情報整理	ただ文字だけを写している
アイデア役	案を出す	成果にむすびつく案を出している	成果にむすびつかない案を提案
議長	最終決定を下す	適切なアイデアを取捨選択している	自己中心的に判断している
プレゼンター（発表）	発表する	リスナーにわかりやすく伝達している	プレゼンがへたで相手に伝わらない

●それぞれの役割と適性

先ほどの役割のうち、あなたの強みや性格に合っているものを把握しましょう。以下の表から、自分に合っていると思える役割を選択してください。

役割	向いている人	向いていない人
司会進行・リーダー	人あたりがよくチームワークを大切にできる人	人前で話すのが苦手な人
タイムキーパー	議論全体の流れと時間の調整ができる人	時間調整が苦手な人
書記	字がきれいな人、いわれたことをミスなくできる人、グラフを描ける人	字を書くのが不得意な人
アイデア役	案をどんどん出せる人、議題に対して専門知識がある人	新しいことを生み出すのが得意ではない人
議長	意思決定することに普段から慣れている人	他人まかせにして物事を決めている人
プレゼンター（発表）	声が通る人、結論から話せる人	声が小さい人、人前で緊張してしまう人

ときには自分の苦手な役をこなさなければならないこともありますが、チームに貢献できていれば選考を通過できますので安心してください。

まとめPOINT

☑ 自分に合った役割でチームに貢献しよう

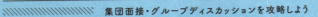

7 グループディスカッションの対策と評価ポイント

グループディスカッションで評価されるポイントについて
紹介します。

● 時間配分から始める

　スタンフォード大学の研究によると、人は**「一番最初に発言した
人」をリーダーとみなす傾向がある**そうなので、まず「時間配分を
決めませんか？」と口火を切れば、主導権を握れる可能性が高まり
ます。たとえば、以下のテーマだと、30分のグループディスカッ
ションの時間配分は次のようになります。

「スーパーの売上を2倍にするには？」（制限時間30分）

内容	時間	詳細
課題定義	2分	そもそもこの質問はどういうことを聞いているのか。どんな答えが必要かをチームで共有する
ディスカッション	10分	出されたテーマのアイデアを出し合う
アイデアの整理・まとめ	10分	出された意見をまとめ、チームの結論を選ぶ
発表の形にまとめる	3分	人事担当者に発表するため、チームの結論を論理的にまとめる
発表の予行練習	2分	発表者が事前にリハーサルをしておくと、うまくまとまる
予備の時間	3分	時間内にまとまらなかったときのために、予備の時間をとる

● 課題や要件を定義する

　議論を進める前に、まず課題を定義していきましょう。たとえば、

「ひと口にスーパーといっても、国道沿いのスーパーか、学生街の
スーパーか、オフィスビルのなかのスーパーかで売上増加施策は
まったく違います。どんなスーパーを想定して議論をするのかチー
ムで定義してから議論を始めませんか？」という形で提案してみま
しょう。こうすることで、このあとに出すアイデアの精度を高める
ことができます。

●チームでアイデアを引き出す

　課題を定義したら、次はその**課題を達成するためのアイデア**を
チームで出し合います。チームからうまくアイデアを引き出すには
次の点を意識してください。

①傾聴する
相手の目を見て「ええ」「はい」と相づちを打ち、うなずきな
がら話を聞く。
②意見を否定しない
否定・検討はあとの段階で。いったんは意見を肯定的に受け止
める。
③チームから意見を引き出していく
ほかの人のアイデアに対して決して批判的なことをいわない。
④発言できていないメンバーに話を振る
メンバー全員に話を振り、発言できていない人からも意見を引
き出す。
⑤適宜要約する
「なるほど、～ですね」と相手の発言をまとめていくと、チー
ムが意見を認識しやすく、議論の噛み合わせがよくなる。
⑥アイデアのレベルはここでは考えない
質より量。とにかく発言して議論を活性化させる。

　これらのポイントを実践し、アイデアを活発に出せる雰囲気づく
りをしていきましょう。

●アイデアを整理し発表する内容を選ぶ

アイデアが出たら、**出された意見を大きなくくりでグループ化して、チームが議論しやすい準備を整えます**。

「それでは、そろそろまとめに入っていきたいと思います。大学付近のスーパーの売上を伸ばす方法として、今まで出た意見は大きく2つのグループに分けられると思います」

A　客単価を上げる方法
・甘いもの好きの人のために高級スイーツを仕入れる
・食欲旺盛な人向けに「60円でお弁当に揚げ物1つトッピング」サービスを始める

B　客数を増やす方法
・Twitterで話題になるような「●●頼みすぎちゃいました」のような写真をアップし、話題づくりをする
・大学非公認のゆるキャラをつくり、その着ぐるみで接客する

「このなかから〔**客単価を上げる方法**〕として1つ、〔**客数を増やす方法**〕として1つを、それぞれ選んでいきませんか？　あるいは、両方をミックスさせるのもありだと思いますが、いかがでしょうか？」

意見をグルーピングすると対立点や類似点が明確になって、これからどんな議論をすれば意見がまとまるかが圧倒的にわかりやすくなります。「費用」「スピード」「実行容易性」「効果」などのアイデアの評価基準を設定し、アイデアを採点していく方式をとるといいでしょう。

●論理的に発表する

発表を論理的にまとめあげるにはPART 4で学んだ**「PREP」というフレームワーク**を使いましょう。(P.101)

Point（結論）　……いいたいことは何か？

Reason（理由）　……なぜその結論に至ったのか？

Example（具体例）……理由に関する具体的な根拠、事例、仮説は何か？

Point（結論）　……最後にもう一度結論をまとめる

発言例としては、以下のようになります。

【結論】大学付近のスーパーの売上を伸ばす方法として「大学非公認のゆるキャラをつくり、集客に利用する」ことを考えました。

【理由】現在、ゆるキャラがブームであり、大学のモチーフと絡めたキャラクターをつくれば、学生の間で話題になり、自然と客が増えると考えたからです。

【具体例】学内でコスプレをしている人の写真を撮ってTwitterにアップしている学生をよく見かけます。もし、大学と関連のある少しパンチの利いたゆるキャラならば、学生がTwitterに写真をアップし、自然と話題になるはずです。また、ゆるキャラと関連づけた商品はそうでない商品と比べて30％も売上が上がるというデータも見たことがあります。

【結論】非公認のキャラクターをつくり、それに関連づけて商品を販売することで、集客数アップを狙うのが私たちの結論です。

\まとめPOINT／

☑ グループディスカッションにはコツがあるので、事前に何度も練習して体得しよう

隣の人を過度に気にしすぎない

集団での選考に特有の落とし穴が、周囲の人に
影響されて自分のパフォーマンスを落としてしまうことです。
そうならない方策を学んでおきましょう。

　集団面接やグループディスカッションでは、よくも悪くも周囲のメンバーによって自分の評価が相対化されてしまいます。そのため、「あ、その話は私がしようと思っていたのに！」「アピールしたかったことを先にいわれた」などということがあり、焦ったり落ち込んだりしてしまいがちです。

　しかし、集団面接では話が被ったからといって選考を落とされることは基本的にはありませんし、仮に被ってしまうことがわかった時点で、「同じ話を別の切り口から回答する」というやり方もあります。

　たとえば、隣の人がTOEIC®の点数を上げた話をしたとしましょう。その際に、あなたもTOEIC®の話をするつもりだったのであれば、点数を上げる過程において頑張ったことや工夫したことを中心にアピールすることで差別化を図っていけばよいのです。

　なお、グループディスカッションにおいてもある程度の評価基準を満たせれば、あとはチームに対してどれだけ貢献できたかが重要なので、同じ意見をいわれたからといって一喜一憂する必要はありません。あくまで最後まで集団の共通目標に対して貢献できるように努めれば無事に通過できるでしょう。就活ではついつい周囲に影響されがちですが、どんなときにも原理原則を忘れずに冷静に対応しましょう。

9

個人面接で内定を勝ちとろう

個人面接はグループ面接と違い、
一人ひとりにじっくりと時間をとり、
あなたの人間性や会社とのマッチング度を
探られます。相手に「この人と働いてみたい」
と思ってもらえるよう、最後まで
気を抜かず面接に臨みましょう。

1 一次面接・二次面接・社員面談・役員面接の違い

一次、二次と、次数ごとに見られているポイントが違うことを理解しましょう。

● 次数ごとに見られているそれぞれのポイント

　集団面接と違って、**個人面接ではあなたについての質問がじっくりとなされます**。そのため、ときにはかなり踏み込んだ質問がくることもあります。面接で見られているポイントは次数ごとに異なりますが、基本的に面接官が見ているポイントは、以下のとおりです。

一次面接

コミュニケーション能力やビジネスマナー

集団面接と同様の評価基準です。この面接では、若手の面接官が判断することが多く、後輩としてほしいかどうかである程度勝負が決まります。素直で明るい人材は一次面接の通過率が高くなるため、「NHK」(P.166) を意識するように心がけましょう。

二次面接

会社とのマッチング

二次面接では、企業研究が必須です。一次面接と比べ、内容の評価基準が高く、就活の状況や志望動機などをしっかりと聞かれます。「うちの会社じゃなくてもいいんじゃない？」「その仕事ができなかったらうちの会社にはこないの？」など、厳しい質問をされることもあります。そのため競合他社や顧客層が似ている企業では、事業内容や規模感、企業分析をしっかりと行い、他社との違いをいえるように準備しておきましょう。

一緒に働きたいかどうか

会社によっては、企業理念や職務をより知ってもらい、ミスマッチをなくしてほしいとの思いでこの面談を設定することがあります。会社の価値観とあなたの価値観が一致しているとわかれば、通過率は上がるでしょう。

役員面接

会社の未来をよりよくしてくれるかどうか

役員面接では、役員を相手に事業の提案をしたり、ブランドを背負う気概を見せたりと、会社を引っ張っていく「頼もしさ」を見せたりすることが重要となります。事業の提案というと、就活生のみなさんは気後れしてしまうかもしれませんが、企業は就活生に完璧な提案を求めているわけではありません。そもそも、面接で役員を唸らせるほどの名アイデアを提案できる就活生はほとんどいません。そのため「提案する」という姿勢が大事なのです。加えて、職業観を問う質問もよくされるため、「自分にとっての仕事とは何か」という問いに対して答えを用意しておく必要があります。業界研究と企業分析をしっかり行ったうえで、自分なりの考えを論理的に筋道立ててまとめることができていれば十分といえるでしょう。

\まとめPOINT/

✓ 個人面接は次数によって適切な振る舞い方が異なるので、臨機応変に対応していこう

2 相手に好印象を与えるには

個人面接で相手に対して好印象を与えるポイントを押さえましょう。

● 個人面接でも「NHK」は基本

　まず、**前ページでも述べたとおり、面接では「NHK」**(P.166)**が基本**になることを覚えておいてください。「NHK」は就活だけでなく、社会人として働くうえでの基本でもあります。人前で明るく振る舞うのが苦手だという人も、仕事の間だけは、多少なりとも明るいキャラクターを演じる必要があります。就活でもそれは同じで、就活の間だけは明るく振る舞うようにしましょう。

　また個人面接の際に、相手に好印象をもってもらえるポイントとしては、質問への返答の際、**面接官が求めている部分だけを端的に答える**ということが挙げられます。基本的に、面接官は「自分の興味があること」だけを聞きたいので、相手が知りたがっていることだけを話すことが重要です。そのことを知らず、「自分をアピールしなければ！」と思い、ダラダラと長く話をしてしまう学生が例年多く見受けられますが、このような返答は印象が悪くなってしまうのでやめましょう。

● プロフェッショナリズムを面接官にアピールする

　最終面接などの場面で好印象を勝ちとる方法ですが、あなたがいかにして顧客や会社に貢献しようとしているのか、という**仕事に対する流儀をアピール**するとよいでしょう。たとえば、「お金をいただく以上は、それ以上の価値をお客様に提供したい」「御社の一員

となるからには、そのブランドを代表する社員となれるように精進したい」といったものが該当します。これは、仕事というものをあなたがどのように捉えているかで答えが変わるものです。

仕事を、生活のために嫌々するものとして捉えるのではなく、**仕事は「世の中に価値を提供することだ」という次元の高い思考をもっておく**ことで、自然とプロフェッショナリズムが醸成されていきます。

●リアクションはやや大げさに

面接は自己アピールの場であると同時に、会話のコミュニケーションの場でもあるということを忘れてはいけません。一問一答のように話を振られたときだけ回答するのではなく、相手が話している際には**しっかりリアクションをとりましょう。**

特に、「最後に何か質問はないですか」という面接の最後に必ず聞かれる定番の場面では、注意が必要です。こちらから企業に関する質問を投げ、先方が回答をくれる際は、適宜笑顔でうなずきながら、「そういった意図があったのですね！　大変勉強になります！」のように素直なリアクションをとるようにしましょう。

また、質問内容によっては、面接官が自身の仕事経験の内容を踏まえて回答してくれる場合もあります。そういった場合には、「あのプロジェクトで●●をなさったのですか！」のように、大げさにリアクションを見せるようにすると、面接官にも気持ちよく話してもらうことができるでしょう。

\まとめPOINT/

✓ **相手が求めている回答をしながら、プロフェッショナリズムをアピールしよう**

3 面接は事前準備で決まる！

面接前にしておきたい持ち物の事前準備について学んで
おきましょう。

● 面接の前日までに 持ち物リストを確認する

　面接日の前日までにきちんと持ち物を準備しておけば安心です。
当日のパフォーマンスを上げるためにも持ち物リストをつくってお
きましょう。

かばん

A４サイズの用紙を折り曲げずにしまえることが
できる大きさのビジネスバッグを用意しましょ
う。デイパックなどで行ってはいけません。

募集要項

面接前に募集要項や会社案内を確認できるようにしておきま
しょう。確認する際は、企業の特徴や社訓、アドミッション・
ポリシーなどを押さえておくようにしましょう。

エントリーシート・履歴書

面接では提出したエントリーシートや履歴書などの内容につい
て質問されることがあります。提出する原本とは
別にコピーをとっておき、自分が書いた内容につ
いて随時確認できるようにしておきましょう。

筆記用具

面接会場ではテストやアンケート用紙など記入する機会が多くあります。企業でも貸してもらえるかもしれませんが、<u>自分で持参する</u>ようにしましょう。また、<u>質問した内容を書きとめておけるように</u>メモ帳も用意しておくとよいでしょう。

腕時計

時間の確認を携帯電話やスマートフォンで行う学生が多くいますが、面接会場ではそれらは使用できないため、時間を確認するための腕時計が必要です。落ち着いたシンプルなデザインの腕時計を使用するようにしましょう。

携帯電話・スマートフォン

しっかりと充電をしていつでも使えるようにしておきましょう。面接会場までの道のりや電車の時間、遅れる際の連絡などさまざまな場面で使う可能性があります。ただし<u>会場に入る際は電源を切っておく</u>ようにしましょう。

身分証明書・学生証

大きなオフィスビルなどでは防犯・セキュリティ上の関係から身分証明を求められる場合があります。学生であれば学生証の提示をすることになりますので、忘れず持参しましょう。

まとめPOINT

- ☑ **持ち物リストをつくって、完璧な準備で面接に臨むようにしよう**

4 内定を勝ちとる基本ルール

内定を勝ちとるために必要な、3つの基本ルールを押さえましょう。

●内定を勝ちとるための3つの基本ルール

企業側から内定を勝ちとるために必要となるルールは3つあります。基本となるルールですので押さえておきましょう。

ルール1：ビジネスマナーを甘くみない

1つめは、ビジネスマナーについてです。そもそも、**ビジネスマナーとは、コミュニティーを維持・発展させるためのもの**。そこに所属する人々がお互いに不快な思いをしないためのルールなのです。しかし、高学歴であっても、ビジネスマナーが身についていない人はたくさんいます。特に日本の場合、学歴が重視されることが多いため、ビジネスマナーができていなくても、許されてしまう場面が多くあるのです。

就活生がビジネスマナーに気をつけて実践してみると、彼らの多くがこれまでビジネスマナーについて何も教わらずに生きてきたことを実感するそうです。だからこそ、ほかの就活生との差別化をしやすいポイントにもなり、基本的なビジネスマナーができているかどうかで面接の結果も大きく変わります。特に文系の場合は、驚くほどその差がつきます。理系は専門性で勝負すればいいですし、そもそもエンジニアが不足傾向なので会社側からしたら性格やコミュニケーションに難があっても採用するケースもあります。しかし、文系は**「お客様とやりとりをするからこそ、ビジネスマナーはでき**

ていて当たり前」と思われることが多いのです。ビジネスマナーを軽く見ず、きちんと取り組んでいきましょう。

ビジネスマナーを鍛える方法

ビジネスマナーを鍛えるためには、学生時代から高級飲食店で働いたり、コールセンターでの電話応対を経験するとよいでしょう。このような場所で働くことで、ビジネスマナーは自然と身につきますので、経験者は面接で大いに有利になる傾向が高いのです。実際に、大手企業に内定をもらった就活生のなかには、学生時代にコールセンターでアルバイトをし、電話応対を磨いていた人もいます。特別な経験がなくても、ビジネスマナー1つで一流企業に内定することもあります。

ちなみに、ビジネスマナーが最も問われるのは遅刻をしたときです。もちろん、遅刻をしないに越したことはないので、基本的には面接会場には15分前、駅には30分前に着くことを心がけるべきなのですが、万一遅刻をすることになった場合は、マナーができているかどうかで、はっきりと差がつきます。遅刻が確定したときは、判明した時点で相手方に電話をすることが望ましいです。その際の電話では、以下のような内容を伝えましょう。

> お忙しいところ恐れ入ります。私、本日14時より採用面談のお約束をしております、〇〇大学経済学部4年の■■と申します。大変申し訳ございません。大学のゼミが想定よりも大幅に延びてしまいお約束のお時間に20分ほど遅れてしまいそうなのです。直前のご連絡となってしまい本当に申し訳ございません。現在御社へ向かっておりますが、予定時刻を過ぎてしまっても面接を実施していただけますか？

日頃からアルバイトなどでマナーが身についていると、こういった言葉を自然に発することができます。しかし、多くの学生は自分から企業や社会人に対して電話をかける機会はあまりありません。そのため、就活の前に親や友人と一緒に電話応対について練習をしたほうがよいでしょう。就職活動中は電話による連絡も多いので、日頃からきちんと電話応対の仕方を身につけておく必要があります。

　また、遅刻が許されるのは以下の状況のみで、それ以外は基本的には許されませんので、注意してください。

・大幅な電車の遅延
・大学の教授からのお願いなど不可抗力の場合
・前の面接が長引いた
・家族に不幸があった
・体調不良

ルール２：あいさつをしっかりとする

　２つめはあいさつです。面接室に入る際、OB・OG訪問をする際など、しっかりと元気よくあいさつをしましょう。意外とこれらのことができない就活生が多いため、**目を見てしっかりとあいさつをするだけでも、「こいつはできそうだな」と相手に思ってもらえる**ものです。

　あいさつの心がまえは「NHK」を意識しましょう。面接室に入ったときに、「失礼いたします！」「本日はよろしくお願いいたします！」と元気よくあいさつし、面接が終了した際も「本日はありがとうございました！」と大きな声で伝えましょう。それほどあいさつは相手に好印象を与えます。さらに、面接終了後にお礼のメールを送るようにすれば、相手からの印象は非常に高くなります。詳しくは214ページで説明しますが、以下にお礼メールの典型例文を掲載しましたので、参考にしてください。

件名：【◆◆大学　田中太郎】本日の面接のお礼
××株式会社
総務人事課　山田様

お世話になっております、
◆◆大学文学部の田中と申します。

本日は面接のお時間をいただき、ありがとうございました。
お話をうかがい、あらためて貴社への志望度が高まりました。

特に、面接中におっしゃっていた「変化・成長へのコミット」
という言葉が私のなかで強く印象に残っております。
貴社への入社が叶った際は、常に変化・成長を追い続けて
貴社の業績に貢献できればと考えております。

ご多忙かと存じますので、ご返信には及びません。
本日は誠にありがとうございました。

◆◆大学文学部文芸学科4年

田中　太郎　－　Taro Tanaka

■mail :tanaka@shukatsu.com

■TEL :090-1234-5678

■住所：

〒123-4567

東京都渋谷区▲▲南0-0-0 コーポ201

　３つめは、敬語です。特に尊敬語と謙譲語をうまく使いこなせない就活生が多いため、少しできるだけでもアピールポイントになります。特に頻出の敬語は次の８つです。

| 尊敬語 | おっしゃる／ご覧になる／いらっしゃる／なさる |
| 謙譲語 | 申しあげる／拝見する／うかがう／させていただく |

　これらの敬語や謙譲語を面接時やOB・OG訪問の際に自然と使えるよう、普段からトレーニングをするとよいでしょう。敬語に関しては社会人でも間違えて使用してしまうケースが多く見受けられるので注意が必要です。以下はよくある間違いの例です。

①了解しました
敬意のないフランクな表現です。「承知しました」または「かしこまりました」を用いるようにしましょう。
②いつもお世話様です
「お世話様です」は、「ご苦労様です」と同じような使い方で、目上の人に用いるべきではない表現です。「いつもお世話になっております」が適切です。
③大変参考になりました
「参考」という言葉が“自分の考えを決める際の足しにする”といった表現です。目上の人に対しては「大変勉強になりました」を用いるようにしましょう。
④すいません、すみません
「すいません」は「すみません」の口語として定着したため、目上の人に用いるには失礼な表現です。さらにビジネス上では「すみません」を使うことさえNGという考え方があります。この言葉には感謝と謝罪の２つの意味が込められていてまぎらわ

しいため、きちんと「ありがとうございます」「申し訳ござい
ません」と伝えましょう。

⑤なるほどですね

「なるほど、そうですね」の省略形だというだけでなく、「なる
ほど」自体が目下の人に対して使うものです。「おっしゃると
おりです」などのいい回しにしましょう。

⑥御社について存じあげております

「御社について存じております」が正解です。「あげる」はもち
あげるべき相手がいるときに使う表現になるため、対象が人で
あれば「存じあげている」で問題ないのですが、人以外のもの
に対しては使わない表現です。注意してください。

⑦〜になります

「〜になります」というのは、基本的には物が変化していく様
子を表すいい方で、敬語ではありません。「〜に成る」という
場合以外は使わないようにしましょう。

×　こちらは私の履歴書になります

○　こちらは私の履歴書でございます

---

⑧ご一緒します

「ご一緒」という言葉は、対等な関係で使われるものです。目
上の人から「一緒に行くか?」と誘われたときには「お供させ
ていただきます」「一緒に行かせてください」が正しい表現です。

＼まとめPOINT／

✓ ビジネスマナー、あいさつ、敬語がしっかり
できれば面接はうまくいく

5 質問対策① 長所と短所

面接で長所と短所を聞かれたときの対応方法について学びます。

●長所について聞かれたら

長所を話すときは、**結論及び、その長所が身についた経緯**を答えましょう。次に挙げるのは、その回答例です。

> 長所は誰とでも短時間で打ち解けられることです。これは学生時代に行っていたサークルの新勧活動で身につきました

このように回答すると、面接官から具体的にどういった「新勧活動だったのか」「その長所を活かしたほかのエピソードはあるか」「入社後にどう活かせるか」といった話が振られてくるかと思います。これらに対して的確に答えていくことが重要です。特に、「入社後にどう活かせるか」については、その会社での職種を理解していないと適切な回答はできないでしょう。そのため、**長所を答える際にはきちんと業務内容を理解しておくことが必須**となります。

●短所について聞かれたら

一方、短所を話すときは、**結論及び、その短所で失敗したこと**を答えましょう。

> 私の短所は完璧主義なところです。この短所ゆえに、細かいことで落ち込んでしまうことがあります

短所を話すと必ずされる質問が、「現在はその短所に向けてどのように取り組んでいるのか」というものです。この部分では、**「現在取り組んでいること」**や**「その取り組みの進捗がどういった状況なのか」**を話すことができれば、クリアできるでしょう。

●「長所と短所」に関する回答の具体例

　「長所と短所」の質問に対する模範回答例を載せておきます。これらの回答を参考にし、自分自身でも回答を用意しておきましょう。

> **強み**
>
> 継続的に目標に向かって努力できることです。この強みは高校時代のバドミントン部の活動で身につきました。当時は周囲との差を埋めるという目標に向かって２年間、任意の朝練習に参加し、自宅ではトレーニングに打ち込むなど努力しました。その結果、高校最後の大会では団体戦のメンバーに選ばれることができました。今後はこの長所を活かし、営業の目標を達成するために、誰よりもお客様に対して継続的にアプローチをしていきたいと考えています。

> **弱み**
>
> 心配性なところです。アルバイトでのレジ業務やサークルでの帳簿付けにおいて、お金という責任あるものを扱うことにプレッシャーを感じ、萎縮してしまうことがあります。そんなときは、入念なチェックを行うことでミスをなくし、自信につなげるようにしています。

\まとめPOINT/

☑ 長所を答えるときは業務内容を理解し、短所を答えるときは改善策を用意しておこう

6 質問対策② ガクチカの深掘り

「学生時代に力を入れたこと」で深掘りされる質問内容について押さえましょう。

●「学生時代に力を入れたこと」での よくある質問

「学生時代に力を入れたこと（ガクチカ）」を聞かれたあと、追加で以下のような質問をされることが多いです。

> ・そもそもなぜその取り組みを始めようと思ったのですか？
> ・そのなかで何が大変でしたか？
> ・その大変な出来事をどのようにして乗り越えましたか？
> ・そのなかで学んだことはなんですか？
> ・これ以外に取り組んだことはありますか？

上記の質問は面接で聞かれることが多いため、整合性のある答えを用意しておきましょう。また、すべて答えられるよう友人や家族にお願いし模擬面接を行っておくとよいでしょう。

●ガクチカでの 深掘り質問の意図

上記の深掘り質問の意図を1つひとつ見ていきましょう。

・そもそもなぜその取り組みを始めようと思ったのですか？
動機を正しく答えられるかを見ています。間違っても、「親や教授にいわれたから」といった受動的な答え方をしないようにしてください。建て前でもいいので、うまく対処しましょう。

・そのなかで何が大変でしたか？

困難にぶつかったときの対応に人間性や性格が表れるため、どんな人間性かを確かめようとしています。加えて、どういったレベルのことを困難だと感じるのかについても見ています。たいしたこともないのに困難であるといってしまうと評価が下がる可能性もあるので要注意です。

・その大変な出来事をどのようにして乗り越えましたか？

努力の方向性で「IQ」を測ることができ、課題へのアプローチの量でポテンシャルを測ることができます。加えて、周囲の協力をどのようにして得たのかについても面接官は見ています。

・そのなかで学んだことはなんですか？　今後にどう活かしたいですか？

今回の努力を糧にして今後につなげる姿勢があるかどうかを見ています。身近なことに教訓を活かしていることを伝えられれば評価が高いです。

・これ以外に学生時代に力を入れて取り組んだことはありますか？

最初に話したガクチカが、相手からすると評価に値しないものであった場合に聞かれる質問です。別のガクチカを知りたがっている場合が多いので、違うエピソードを答えましょう。

\まとめPOINT/

☑ **ガクチカでよくある質問については模擬面接で徹底的に対策しよう**

PART **9** 個人面接で内定を勝ちとろう

7 質問対策③ 就活の軸

就活特有の質問である、「就活の軸」について解説します。
答え方のポイントを理解しましょう。

● 就活の軸とは

「就活の軸」とは、**仕事選びの基準**のことをいい、人によっては職業理念と完全に一致するケースもあります。面接においては、「就活において何を軸にしていますか」という質問がされたあと、「なぜこの業界を受けているのですか」「そのなかでなぜ当社が第一志望なのですか」という形で質問がなされます。これらの質問に対して、自己分析と業界研究の内容が固まっていないと、深掘りされても答えることができず、落ちてしまうというケースが多くあります。事前に回答を用意しておきましょう。

● 就活の軸を話す際のポイント

就活の軸を話す際のポイントは、**「広すぎず、かつ狭すぎない軸」**にすることです。たとえば、「社会の役に立つ仕事」「人に関わる仕事」「自らが成長できる仕事」のように、おおよそどの企業にも当てはまるようなものは「広すぎる軸」ということになります。一方で、「応援しているアイドルのマネジメントができる仕事」のように、当てはまる企業が1社しかないような狭すぎる軸にしてしまうと「うちの企業を落とされたらどうするつもりなのだろう」という疑問が生じてしまいます。そのため、**その軸に当てはまる企業がいくつか思いつくが、ほとんどの企業が当てはまるというわけではない**、といった軸を話すようにしましょう。

また、その軸を形成するに至った背景として、自身のこれまでの経験やバックグラウンドをむすびつける必要があります。PART 3 の志望動機の書き方（P.84〜87）を参考にしてください。

●就活の軸のNG例

あなたが実際に企業選びを行う際には、条件面も当然考慮するかと思います。働くにあたって条件面は、非常に重要な要素ではありますが、**「給料が高い会社」「福利厚生がよい会社」「転勤のない会社」といった内容を、就活の軸にするのはNG**です。就活の軸は、「自分がどのような仕事をしたいのか」という内容にしましょう。面接では自分が選考される側であることを忘れないでください。

就活の軸の例

私の就活の軸は、「働く人を応援する仕事」「学部で学んだ経済に関する知識を活かせる仕事」です。なぜそう思ったのかというと、前者については幼少期から夜遅くまで働いている両親を見ていたため、そういった方の支えになる仕事がしたいと思ったからです。後者については、大学で学んだ知見を活かせる仕事をすることで、仕事相手に対して価値を発揮できると考えたからです。このような観点から金融業界のなかでも信用金庫を中心に応募をしております。なかでも御社を志望しているのは、スマートフォンでできるキャッシングやローンに代表されるように、働く人を応援する取り組みを精力的に行っているからです。

✓ 就活の軸や業界の選定理由を聞かれてもきちんと対処できるようにしておこう

8 質問対策④ 他社の選考状況

大手企業を受ける際や就活の終盤の時期に必ず聞かれる
選考状況への回答方法を学んでおきましょう。

● なぜ企業は他社の選考状況を聞くのか

　毎年、5〜6月頃の選考になると、必ずといっていいほど面接官
から「他社の選考状況はいかがですか」という質問がなされます。
これには3つの意図があります。

①他社の選考が進んでいる就活生はそれだけ
　魅力的な人材であるといえるから
②ほかにどのような会社を受けているのか、
　ということから就活の軸を見たい
③自社に来てくれる可能性が高いかどうかを
　見定めたい

　①についてはPART 1の「わらしべ長者戦略」（P.32）の部分で述
べたとおりですが、②については、職業理念や軸とぶれている会社
を受けていないか企業側が確認したいという理由があります。ここ
でまったく関係のない会社を話してしまうと、選考に不利になって
しまう可能性もあるので注意してください。③については、ほかに
受けている会社のなかに魅力的な会社があると、「本当にうちの会
社に来たいのだろうか？」という疑念を抱かれる可能性があります
ので、同レベルの企業群を挙げておくことをオススメします。

●選考状況を聞かれたときの回答のポイント

以上のようなことを考えると、回答のポイントは４つあります。

①ほかの会社は、今受けている会社と同じ業界の会社を極力
　ピックアップする
②できれば同じ業界の小さな会社で内定を獲得しておき、その
　会社の名前を出す
③落ちた会社があったとしても、結果をいいたくない場合には
　「結果待ちです」という
④ほかの会社の選考も進んでいるが、「御社が第一志望ですの
　で、内定をいただけたら、他社はお断りします」と伝える

また他社の選考状況を聞かれた流れで、**「第一志望はどこか？」を聞かれる場合がありますが、その場合、「御社が第一志望です」と答える**ようにしましょう。企業側としては、せっかく時間とお金をかけて採用活動を行っているので、内定辞退を避けるために第二志望という人を落とすこともあります。「第一志望"群"」という答え方をする就活生もいますが、この企業側の思いを踏まえると、よい回答とはいえません。内定をもらいたい気持ちが少しでもある企業の面接では、「御社が第一志望です」と明確に伝えるとともに、その理由を説明できるように用意しておきましょう。もちろん、第一志望であることを伝えたうえで内定をもらい、その後他社からも内定をもらったことで気持ちが変わり、内定を辞退するということがあってもかまいません。内定を辞退する就活生が一定数いることは企業側も想定しています。

＼まとめPOINT／

✓ 他社の選考状況を聞かれた場合は、職業
　理念や軸がぶれていないか意識しよう

9 逆質問への受け答え

企業が逆質問の機会をつくる理由を知り、事前に準備しておきましょう。

●逆質問の2つの目的

　「逆質問」とは、面接試験の最後に「あなたから何か質問はありませんか」と面接官側が就活生に対して質問の機会を与えるというものです。企業側からの親切な問いかけに見えますが、実は仕事内容や労働条件などの不明点をなくすという意味合い以外に、**企業に対する就活生の最後のアプローチのチャンス**でもあるのです。

　それまで面接で十分にアピールできなかったとしても、この逆質問の内容によっては、挽回することが可能です。企業がこの逆質問を行うのには2つの目的があります。

目的①：経営理念や経営方針、社風との相性を確認する

ミスマッチを防ぎ、お互いが気持ちよく仕事をするために、就活生側からの疑問点がないか確認しています。

目的②：コミュニケーション能力やマナーをチェック

逆質問は、就活生の側から自発的に発言しなくてはならず、きちんと自分の考えを人に伝え受け答えができるかを、聞く側の立場にさせることでコミュニケーション能力を見ています。

　逆質問の内容は、次の面接担当者や部門責任者、経営者層にまで伝えられるほど重要なものですが、これら2つの目的に沿った逆質

問ができると、面接官の印象が上がります。

●効果的な5つの逆質問

逆質問にはいくつかの成功パターンがあるので、思いつきで質問はせず、次のような質問を中心に準備するとよいでしょう。

①入社を前提にした前向きな質問

「入社までにとっておくべき資格や読んでおくべき本はありますか？」と、入社を前提に準備しておいたほうがよいことを尋ねると、自分の前向きな姿勢や本気度を相手に伝えられます。また、あなたを採用する空気をつくる効果も期待できます。

②入社後の目標を述べる

「○○職で実績を出したあと、△△職にもチャレンジしてみたいと考えていますが、可能ですか？」という質問をすると、入社したあとのビジョンをもっていることが伝わり、実現可能かは別として積極性を大いに評価されるでしょう。

③覚悟を見せる

「入社するにあたって覚悟しておいたほうがよいことはありますか？」という質問をすることで、自ら受け入れようとする態度に好感をもたれ、入社に際して強い決意をもっていることを伝えられます。就職にはなんらかのハードルもあるので、自分のなかで覚悟を決めるよいきっかけにもなるでしょう。

④ポジティブな個人的意見を問う質問

面接官に対する個人的な質問は慎重にする必要がありますが、「○○様の、この会社に入ってよかったと思える点を教えてください」という質問からは入社に対するプラスイメージをもち

たいという就活生の積極性が感じられます。面接官がよかった
と思える点と就活生の思いに共通点がある場合、共感が生ま
れ、一気に採用に傾くことが期待できます。

⑤経営理念を問う質問

会社の経営理念の理解は入社に際して最も大切なことですが、
「御社の経営理念のうち、○○は△△という理解でよろしいで
しょうか?」という質問で、その細部まで理解しようとする姿
勢が伝わり、特に経営者層から高い評価を受けます。

●NG質問とNGフレーズ

　次に、一般的に逆質問のシーンで聞くべきでないNG質問と、いっ
てはならないNGフレーズをご紹介します。

NG質問

●資料でわかることを聞く

会社のパンフレットやホームページに載っていることを聞く
と、その企業への関心が低いと相手に受け取られてしまう場合
もあります。事前に調べられることはひととおり調べ、質問点
を用意しておきましょう。

●説明済みのことを聞く

面接などですでに聞いた説明を逆質問で聞き直すのは大変失礼
です。人の話を聞いていないという印象を与えてしまう可能性
があります。一方で、説明内容をもとに詳しい内容を聞くと「説
明を真剣に聞いてくれているな。この学生は伸びそうだな」と
好感をもたれます。

●細かい待遇面

給与や役職、残業、休日などの情報はとても大切ですが、非常にデリケートな内容なのであまりしつこく聞くと、仕事そのものより報酬目当てという印象をもたれかねません。

●答えにくいこと

相手が人事担当者の場合、「本社の研究開発部門で〇〇の研究もやってみたいのですが、研究成果はどのくらいあがっているのでしょうか？」などと聞いても、職種の細かなところまでは知識をもっていませんし、「御社の将来性についてどう思われますか？」などと漠然と大きなことを聞かれても回答に困ってしまいます。

●ネガティブな個人的意見を問う質問

面接官に個人的な考えを聞くケースもありますが、その場合はネガティブなテーマは避けましょう。たとえば、採用を前提として面接している会社の面接官が会社のネガティブさを伝えるはずがないので、「あなた個人としてはこの会社はどう思いますか？　大丈夫ですか？」などという質問はナンセンスです。

NGフレーズ

●特にありません

本当に質問がない場合もありますが、面接官は会社に対するアピールの時間を与えているので、なんらかの前向きなイメージを発信できる質問や感想を準備しておきましょう。

●御社の強みについて教えてください

逆質問は面接の最後にするものなので、面接の終わりには当然その会社のよさはわかっていなければなりませんが、これでは

会社のことをまったく理解していないと告白しているようなものです。このような質問をするとまず内定はあり得ません。

●今後、御社の〇〇事業部のとるべき戦略はなんですか?

これは面接官にとって答えにくい質問であり、人事担当者はもちろん、経営者層に対しても詰問している印象を与えるので、マイナスイメージで終わってしまいます。相手を困らせるような質問は好ましくありません。

●注意すべき3つのポイント

逆質問の内容についてのポイントをいろいろ押さえてきましたが、質問する際の態度として注意すべき点を解説します。

①メモを準備

逆質問する場合にはきちんとメモをとりましょう。この動作だけでも十分熱意は伝わりますが、内容によっては記録されては困る場合もあるので、必ず面接官の許可を得てからにしましょう。この許可のための応答も好感を得るポイントになります。

②面接官の表情に注意

質問する際は質問を受ける面接官の表情に気をつけましょう。相手が首を傾げたり表情を曇らせたりしているときは質問内容が理解できなかったり、答えにくい質問だったりする場合があるので、別な表現で説明しましょう。

③専門用語は使い方を慎重に

特に理系の学生にありがちな問題です。専門用語を多用したがる人はTPOをわきまえない人だという印象になるので、面接

官の立場や知識レベルを考慮し、相手が採用担当者の場合はあまり難しい専門用語は使わないようにしましょう。もちろん、面接官が部署の責任者や実務担当者の場合は「仕事に必要な専門知識はもっている」ということを知ってもらわなくてはならないので、必要に応じて専門用語を使うとよいでしょう。

それまでの面接試験で十分に自己PRができている場合は無理して質問をするより、「ぜひ御社で頑張りたいと思います」と**シンプルに入社の意思を力強く伝えましょう**。

一方で、面接が緊張のあまりうまくいかなかったときは「緊張しすぎてうまく話せませんでしたが、一生懸命頑張りたいと思います」と率直な感想に加えて決意を述べ、素直な自分を正直に表すのもよいでしょう。企業は面接を通じてあなたの人柄も見たうえで一緒に働きたい相手かを判断するので、人前でスムーズに話せなかったとしても、誠実かつ正直に自分を表現できれば仲間として受け入れたいという気持ちになってもらえます。

逆質問はその場で考えてもすぐに出てくるものではありませんので、あらかじめ準備し、メモ帳などにまとめておきましょう。

まとめPOINT

☑ **逆質問をきちんと用意し、面接を意義あるもので終えよう**

10 お礼メールで差をつけよう

面接後に効果抜群となる「お礼メール」の送り方について
押さえましょう。

●面接の「お礼メール」の書き方

　お礼メールは、面接を受けたのちに相手の人事担当者に対してお
礼の気持ちを込めて送るものです。採用面接では、経験やスキルと
ともに志望意欲を感じとろうとする企業がほとんどです。**経験やス
キルが求めるレベルに達していなかったとしても、入社したいとい
う気持ちが大きなポイントとして評価されることもある**ため、お礼
メールの方法が有効となってきます。理解が深まったことや入社の
気持ちが高まったことなど、思いを伝えることをオススメします。

【面接後の「お礼メール」例文】

【件名】６月６日の採用面接のお礼（田中太郎）
【本文】
××株式会社
総務・人事部　山田様

お世話になっております。
私、本日12時から面接をしていただきました田中と申します。
ご多忙の折、お時間をいただき、誠にありがとうございました。

山田様より、貴社の事業内容、プロジェクト、今後のビジョン
などをうかがい、社会に広く役立つサービスを提供されている

こと、そのために、求められているスキルなどの理解が深まり、貴社で活躍したいという気持ちが、さらに高まりました。

また、社員の方々の働きやすさを第一にした環境づくりにも共感し、ますます貴社で働きたいという思いが強くなりました。

まずは、面接のお礼を申し上げたく、メールいたしました。
今後とも、何とぞよろしくお願い申し上げます。
================================
◆◆大学文学部文芸学科４年
田中太郎　－　Taro Tanaka
電話：080-1234-5678
メールアドレス：tanaka@shukatsu.jp
================================

メールを書く際は、次の点に注意しましょう。

①メールを送るタイミング

面接終了後、できる限りその日にメールを送り、採用担当者にあなたの印象が強く残っているうちにお礼を伝えましょう。

②読みやすさに配慮する

改行を入れたほうが読みやすいので、内容ごとに３～４行程度になったら１行空ける、あるいは要件ごとに段落をつけるなど、読みやすさに配慮しましょう。

\まとめPOINT/

✓ 毎回面接が終わるごとに、きちんとしたお礼メールを送ると効果抜群！

11 圧迫面接に当たってしまったら

圧迫面接に当たった際の乗り切り方について押さえておきましょう。

●圧迫面接のパターンとその対策

圧迫面接には大きく分けて3つのパターンがあります。圧迫面接の具体的な内容とその対策をそれぞれ紹介します。

①回答をとことん深掘りするパターン

あなたが面接官の質問に答えるとすぐに、「なぜ？」「どうして？」のような質問が返されます。ほかにも志望動機を伝えたあとに、「だったら〇〇社でもいいんじゃないですか？」などと返されるケースもあります。

> **対策** 質問をあらかじめ予想しておく
>
> 自分の回答に面接官が「なぜ？」と質問することを想定し、その先の答え、さらにその先の答え……という具合に回答を準備しましょう。自分一人だけでは質問されるポイントや回答の不備を見逃してしまう可能性があるため、第三者にチェックしてもらうのも手です。

②面接官の表情がないパターン

面接官が終始無表情だったり、興味がなさそうな表情をしているケースです。なかには、腕時計を見たり頬杖をつくなど、あからさまに興味のない態度を示す面接官もいます。

どうやったら聞いてもらえるか挑戦する気持ちで臨む

こちらの話に興味をもっていない人に対してアピールをすることは難しいかもしれませんが、社会人として働くようになれば、興味のない顧客に対し商品やサービスをアピールする必要に迫られることもあります。興味のない人にいかに興味をもってもらえるのか挑戦してみよう、という気持ちで臨みましょう。

③否定的な発言が多いパターン

面接官の質問に就活生自身の考えを話しても、否定的な発言ばかりで返してくる場合です。就活生がどんなによい回答をしても、重箱の隅をつつくような細かい事柄を取り上げて否定してきます。

対策 **慌てず落ち着いたふるまいを心掛ける**

あえて否定的な発言を多くして、ストレス耐性をチェックする場合もあります。精神的にタフな人を求めている企業では、あえて否定を繰り返すことで学生のストレス耐性を見ていることもあります。

いつ圧迫面接に当たってもいいように、事前に面接練習を十分に行っておくようにしましょう。また、いざ圧迫面接に当たった際には、落ち着いて冷静に対応するようにしましょう。

PART **9**
個人面接で内定を勝ちとろう

\まとめPOINT/

✓ **徹底した事前準備があなたを救う。事前に練習を行うことで圧迫面接に対応しよう**

12 オンライン面接の対策方法

最近よく行われるオンライン面接（Web面接）の注意点について知っておきましょう。

●オンライン面接特有の注意点

近年増加傾向にあるオンライン面接（Web面接）の際に注意すべき点について紹介します。

① Wi-Fi環境の整った静かな環境を用意する

学校やカフェはまわりの音が入りやすいので、自宅の誰もいない部屋でオンライン面接を受けるのがオススメです。自宅で静かな環境を用意するのが難しい人は、個室のあるネットカフェやレンタル会議室で受けるようにしましょう。

②パソコンを使う

オンライン面接はスマートフォンやタブレットでも受けることができますが、パソコンをもっている場合は必ずパソコンを使いましょう。パソコンをもっていないということは、パソコンスキルがない可能性が高いということを意味してしまうため、特にIT系の企業などではマイナスの評価になる可能性もあります。やむを得ずスマートフォンやタブレットで面接を受ける場合は、画面が揺れないよう、必ず固定して面接を受けるようにしましょう。

●オンライン面接を受けるときの<u>マナー</u>

オンライン面接のマナーについても見ていきましょう。

①カメラテスト

部屋の明るさや、画面に映る範囲に布団や洗濯物、ごみなど生活感のある余計なものが映り込まないかを確認するようにしましょう。

②マイクテスト

マイクつきイヤホンやヘッドセットをパソコンに接続して使用したほうが音声が聞き取りやすくなります。マイクつきイヤホンはクリップをつけて胸もとに留めるようにして、ずっとマイクを手にしている必要がないようにしましょう。

③プロフィール画像の設定

ZoomなどのWeb会議システムにログインする際、Facebookなどの他サービスからの連携でログインしている人は友達と撮った写真などがプロフィール画像になっている場合があります。必ず事前に変更しておくようにしましょう。

④面接開始5分前にはスタンバイしておく

Web会議システムによっては待機ルームが用意されている場合や、先方が許可をしないとオンライン会場に入室できない場合もありますが、落ち着いて静かに待っていましょう。

＼まとめPOINT／

✓ **オンライン面接ではパソコンやネット環境の整備など、事前準備を大切にしよう**

13 面接での緊張対策方法

面接での緊張をやわらげる方法について、考え方やテクニックを紹介します。

●緊張に対する考え方

　緊張は考え方によってかなり軽減させることができます。特に有効なのは**「準備を完璧にして落ちたのなら仕方ない」という考え方**です。

　たとえば、テニスの錦織圭選手が試合前のインタビューでこのようなことをよくいっています。

　「今日の相手はタフだけど、その対策はしてきたつもりだから、あとはベストを尽くすだけです」

　これは、非常に的を射た発言だと思います。なぜなら、相手がすばらしい選手だった場合、試合中に「自分ではどうしようもないこと」が必然的に起こりえます。そのなかで自分ができることは、**これまでに考えてきた戦略と行ってきた練習を糧にしてベストを尽くすこと**しかないのです。それで結果がどうなるかはわかりません。しかし、ベストを尽くさないよりは尽くしたほうがよい結果になることは事実ですし、自分ができることはそれ以外にはないのです。

　これは就活も同じです。面接の結果はあなたがどうこうできるものではなく、結果はどうしようもありません。しかし、あなたはベストを尽くすことはできます。ですので、ベストを尽くすことに全神経を集中させてください。それだけで緊張は大きく緩和します。

●面接前にできる緊張対策の テクニック7選

　考え方を変えてもまだ緊張する場合は、次のテクニックを実践してみるとよいでしょう。

①チェックリストを確認する
持ち物や着ていくスーツの準備などをしておくと、当日焦って緊張することがなくなります。

②お風呂に入ってしっかりと睡眠をとる
リラックスをしているほうが緊張はしなくなります。

③質問と回答の準備を整える
20問ほどの想定質問を用意して回答を考えておけば、多くの質問が想定内になりますので緊張を回避できます。

④歯を見せた笑顔とポジティブフレーズで心を整える
緊張で顔がこわばっている場合は、顔の筋肉を動かすことから始めると自然と緊張が緩みます。

⑤腹式呼吸で気持ちを整える
お腹から呼吸をすることでリラックスできます。

⑥話さなければという精神を捨てる
たくさん話してすべてを伝える必要はありません。1つのことが伝わればよいと考えましょう。

⑦内定を獲得した未来を想像する
よい結果を想像すると、それに向かって脳が走り出し、ワクワクします。結果、緊張がやわらぐことが多くなります。

\まとめPOINT/

✓ **準備完璧！ それで落ちたら仕方ない**

すべての人に、理想のファーストキャリアを

●「夢のような会社」と書いてあるけど、夢じゃなくて、実現できる

就職活動を終えた私が今一番感じていることは、ホワイトアカデミーとの出会いがなければ納得する形で就職活動を終えることはできていなかったということです。

通っているなかで特に印象に残っている出来事があります。就職活動を始める前に担当の先生に、「内定をもらえたら夢のような会社」と書いて提出したことがありました。
紙を見た先生は少し笑いながら「夢のような会社と書いてあるけど、夢じゃなくて、実現できると思うよ」といってくれたのです。当時の私は正直、その言葉をまったく信用できません

でした。

しかし、先生の教えを日々実践していくなかで、とうとう最終面接を翌日に控えたある日、「もう一度、面接練習しておくか」と忙しいなか時間を割いてくださり、最後の最後まで熱心に指導していただきました。

私は生徒の目標を夢で終わらせない先生方の真摯な姿勢に気づかされました。そして、ホワイトアカデミーのおかげで「夢のような企業」から内定をいただくことができたのです。

　これは、就活塾に通い、倍率4000倍以上の企業を含めて大手企業8社から内定を獲得した学生からいただいた手紙です。彼女は有名大学に在学したわけではありませんでしたが、就活塾に通い、指導されたことを素直に実行していった結果、理想のファーストキャリアを手に入れることができました。

　学生が第一志望の企業から内定をもらった報告を聞く瞬間、最高の笑顔を見ることができます。その笑顔が、私にとっては何よりの報酬です。

　本書には、就活塾で教えていることの多くを掲載しました。この内容を着実に実践していけば、あなたは確実に内定に近づくことができるはずです。あなたが本書を読んで内定を獲得し、最高の笑顔で笑っている姿を見られるのを祈念しながら、ここで筆をおきたいと思います。あなたの最高の笑顔と内定報告を待っています。

■著者紹介■
たけうちけん と
竹内健登

東京大学工学部卒。大手一流ホワイト企業の内定請負人。就活塾「ホワイトアカデミー」を創立・経営。これまで800人以上の就活をサポート。塾はホワイト企業内定率100％を誇り、ホワイト企業の内定が出なければ費用を全額返金する返金保証制度が好評。2019年に『子どもを一流ホワイト企業に内定させる方法』（日経BP刊）を出版し、「親が子育ての集大成である"就活"に臨む際の必読書」、「これができれば本当に一流企業に内定できる」と話題。塾のYouTubeチャンネルではホワイトな業界の紹介や大手企業の倍率、ESの添削を公開するなど塾の就活ノウハウを一部紹介している。
YouTube：https://youtube.com/channel/UCm1vSnSBj7kksfi8GIBnu0g

装丁：若井夏澄
本文デザイン：東京100ミリバールスタジオ
本文DTP：中央制作社
イラスト：ハザマチヒロ
編集制作：志田良子（ヴュー企画）
営業：佐藤望（TAC出版）
編集統括：田辺真由美（TAC出版）

2025年度版
しゅうかつ きょう か しょ
就活の教科書 これさえあれば。

2023年1月20日 初版 第1刷発行

著者	竹内健登
発行者	多田敏男
発行所	**TAC株式会社 出版事業部**（TAC出版）
	〒101-8383東京都千代田区神田三崎町3-2-18
	電話 03（5276）9492（営業）
	FAX 03（5276）9674
	shuppan.tac-school.co.jp
印刷	株式会社 光邦
製本	東京美術紙工協業組合

©TAC 2023
Printed in Japan
ISBN 978-4-300-10497-2
N.D.C. 377

書籍の正誤に関するご確認とお問合せについて

書籍の記載内容に誤りではないかと思われる箇所がございましたら、以下の手順にてご確認とお問合せをしてくださいますよう、お願い申し上げます。

なお、正誤のお問合せ以外の書籍内容に関する解説および受験指導などは、一切行っておりません。
そのようなお問合せにつきましては、お答えいたしかねますので、あらかじめご了承ください。

1 「Cyber Book Store」にて正誤表を確認する

TAC出版書籍販売サイト「Cyber Book Store」の
トップページ内「正誤表」コーナーにて、正誤表をご確認ください。

CYBER TAC出版書籍販売サイト
BOOK STORE

URL：https://bookstore.tac-school.co.jp/

2 1 の正誤表がない、あるいは正誤表に該当箇所の記載がない ⇒ 下記①、②のどちらかの方法で文書にて問合せをする

★ご注意ください★

お電話でのお問合せは、お受けいたしません。
①、②のどちらの方法でも、お問合せの際には、「お名前」とともに、
「対象の書籍名（○級・第○回対策も含む）およびその版数（第○版・○○年度版など）」
「お問合せ該当箇所の頁数と行数」
「誤りと思われる記載」
「正しいとお考えになる記載とその根拠」
を明記してください。
なお、回答までに1週間前後を要する場合もございます。あらかじめご了承ください。

① ウェブページ「Cyber Book Store」内の「お問合せフォーム」より問合せをする

【お問合せフォームアドレス】

https://bookstore.tac-school.co.jp/inquiry/

② メールにより問合せをする

【メール宛先　TAC出版】

syuppan-h@tac-school.co.jp

※土日祝日はお問合せ対応をおこなっておりません。
※正誤のお問合せ対応は、該当書籍の改訂版刊行月末日までといたします。

乱丁・落丁による交換は、該当書籍の改訂版刊行月末日までといたします。なお、書籍の在庫状況等により、お受けできない場合もございます。
また、各種本試験の実施の延期、中止を理由とした本書の返品はお受けいたしません。返金もいたしかねますので、あらかじめご了承くださいますようお願い申し上げます。

（2022年7月現在）